Notker Wolf

Gönn dir Zeit.

Es ist dein Leben

Der Autor

Notker Wolf OSB, Dr. phil (1940–2024), wurde als Werner Wolf in Grönenbach geboren. Bereits in seiner Schulzeit war Notker Wolf bewusst, dass er als Missionar die Botschaft Jesu weitergeben möchte. So trat er 1961 nach dem Abitur in die Benediktinerabtei St. Ottilien ein, die zu seinem Zuhause wurde. Nach seiner Profess studierte Notker Wolf in Rom und München Philosophie, Theologie, Zoologie, Anorganische Chemie und Astronomiegeschichte. Am 1. Oktober 1977 wurde Wolf zum Erzabt von St. Ottilien gewählt und unterstützte weltweit benediktinische Neugründungen und soziale Einrichtungen. Er engagierte sich für den interreligiösen Dialog und trat stets auch politisch offen und deutlich für seine Werte ein. Von 2000 bis 2016 war er als Abtprimas des Benediktinerordens mit Sitz in Rom der höchste Repräsentant von mehr als 800 Klöstern und Abteien weltweit. Nach seiner Emeritierung kehrte er 2016 nach St. Ottilien zurück, wo er bis zuletzt lebte.

Der Herausgeber

Rudolf Walter, Dr. phil., Dipl. theol., war lange Jahre Programmleiter und Cheflektor des Herder Verlags und ist Herausgeber zahlreicher Bücher sowie des periodisch erscheinenden „einfachleben-Briefs" von Anselm Grün (www.einfachlebenbrief.de). Er lebt in Freiburg i. Br.

Notker Wolf

Gönn dir Zeit.
Es ist dein Leben

Herausgegeben von Rudolf Walter

HERDER

FREIBURG · BASEL · WIEN

MIX
Papier | Fördert
gute Waldnutzung
FSC
www.fsc.org   FSC® C014496

Neuausgabe 2024

© Verlag Herder GmbH, Freiburg im Breisgau 2009
Alle Rechte vorbehalten
www.herder.de

Die Bibeltexte sind entnommen aus:
Die Bibel. Die Heilige Schrift
des Alten und Neuen Bundes.
Vollständige deutsche Ausgabe DIE BIBEL
© Verlag Herder, Freiburg im Breisgau 2005

Umschlaggestaltung: Gestaltungssaal, Rosenheim
Umschlagmotiv: © Notker Wolf

Satz: Arnold & Domnick, Leipzig
Herstellung: GGP Media GmbH, Pößneck

Printed in Germany

ISBN 978-3-451-03497-8

Inhalt

Vorwort

Kürzlich, am Flughafen in Rom, schob mir bei der Abfertigung nach Santo Domingo und Guatemala eine junge Frau die Reiseunterlagen zu und schaute mich an. Dann sagte sie ungläubig: „Sie sind ja mehr in der Luft als ein Pilot!" Und in der Tat: Ich lege im Jahr unglaublich viele Meilen zurück.

In den zehn Tagen meiner Reise nach Santo Domingo und Guatemala saß ich sicher allein drei volle Tage im Flieger. Fast jeden Tag kamen im Auto zwei bis vier Stunden dazu, in denen ich unterwegs war.

Meine mobile Existenz mag extrem wirken. Sie liegt aber im Trend. Das hängt mit der größeren Mobilität und Vernetzung unserer Welt zusammen. Und natürlich mit meiner Aufgabe: Als Abtprimas bin ich Ansprechpartner für 800 Klöster, weltweit, auf allen Kontinenten. Um meinen Aufgaben nachzukommen, muss ich zeitweise das Leben eines Managers leben mit unwahrscheinlich vielen Terminen. Und auf der anderen Seite lebe ich als Mönch in einem Zeitmaß, das von einer ganz anderen Ordnung her bestimmt ist.

Die Frage, die viele Menschen heute umtreibt, bewegt auch mich: Kann man in dem ganzen Stress, inmitten all der modernen Hektik noch Ruhe finden? Wie kann man in all dem Druck, der von außen auf einen einstürmt, noch Souverän seiner eigenen Zeit sein?

Ein internationaler Manager, der kürzlich im Flieger neben mir saß, sagte mir: „Sie strahlen eine solche Ruhe aus und dabei geht's Ihnen doch im Grunde genommen genauso wie uns. Wie machen Sie das?"

Diese Frage stand auch am Anfang dieses Buches. Und dahinter war die Idee: Es könnte interessant sein, Erfahrungen und Gedanken gerade von jemandem zu lesen, der ebenfalls großem Zeitdruck ausgesetzt zu sein scheint.

Manche, die gehört haben, dass ich darüber schreibe, haben mit einer leichten Ironie nachgefragt, ob ich mir dieses Buch selber erst einmal zur Brust nehmen werde. Ich habe ihnen geantwortet: Ich glaube, dass mich nicht nur eine gemeinsame Not mit den anderen Menschen verbindet – sondern auch eine Suche danach, wie wir mit dieser Not leben können. Nicht zuletzt glaube ich aber, dass die Tradition, aus der ich lebe, gute Hinweise dafür gibt.

Viele Menschen, nicht nur Manager, leiden heute darunter, dass sie immer weniger Zeit haben für das, was wirklich wesentlich ist. Zeit für sich selbst – das scheint zum knappen Luxusgut zu werden.

„Meine Zeit" ist es, mit anderen zu sein oder frei zu sein für das Gebet. Ich kann Arbeit einfach stehen lassen. Das scheint mir sehr wichtig: Dinge auch einfach einmal stehen zu lassen und zu sagen, jetzt ist anderes wichtig. Beim Gebet ist es Gott, beim Gespräch ist es der andere Mensch.

Die Weisheit des biblischen Kohelet ist uralt und doch immer noch sprichwörtlich wahr: „Alles im Leben hat seine Zeit." Es gibt eine Zeit der Freude, und es gibt eine Zeit der Trauer. Wer so unter Zeitdruck steht, dass sich das Herz nicht mehr lösen kann, um zu weinen, der ist schlimm dran. Und auch wer nicht mehr von Herzen lachen kann, ist verloren.

Diese Weisheit des alttestamentlichen Predigers ist für mich immer wieder ein Orientierungspunkt. Natürlich kann ich die Phasen nicht so voneinander trennen wie ich es gerne hätte. Sie werden sich überlappen. Aber es geht dabei auch nicht um die Maßeinheit der objektiven Zeit, die gesplittet werden müsste. Es geht darum, dass die Zeit vermenschlicht werden muss.

Wenn ich mit anderen Menschen zusammen bin oder in einem Gespräch, dann ist das eine ganz andere Zeit, als wenn ich ausrechne, wie viele E-Mails ich in einer Stunde erledigen soll. Und wenn ein anderer zu mir zum Gespräch kommt, dann schaue ich nicht auf die Uhr und es gibt keine Hetze. Dann ist *er* da. Es ist *seine* Zeit. Dasselbe gilt noch mehr beim Gebet. Da bekommt die Zeit nicht nur eine menschliche, sondern geradezu eine göttliche Dimension.

Auch Jesus ist mir ein Vorbild in der Kunst, mit der Zeit gut umzugehen. Er hat immer wieder die Einsamkeit gesucht für das Gebet. Und wenn er mit seinen Jüngern am See Genezareth entlang gewandert ist, dann hatte er Zeit nur für sie. Die Erzählung vom Gang nach Emmaus schildert einen solchen Moment seiner Präsenz für Menschen, die ihm nahe waren und ihm ihre Sorgen mitteilten. Aber auch die Jünger mussten gelegentlich zurückstehen, wenn andere Menschen ihn brauchten. Ich liebe diese Geschichten, auch die, die erzählen, dass Jesus sich erschöpft zu seinen Freunden nach Bethanien zurückgezogen hat, wo er einfach selber auch wieder „Mensch" geworden ist, in einem ganz schlichten Wortsinn. Jesus setzt anderen – etwa den Pharisäern – auch Grenzen, wenn sie ihn unter Druck setzen wollen oder zu sehr bedrängen. Oder er weist – so im Lukasevangelium – den zurück, der ohne Maß verkennt, dass unser Leben endlich ist. Er lässt in einem Gleichnis Gott zum reichen Mann sprechen: „Du Tor, diese Nacht noch wird man dein Leben von dir fordern! Wem aber wird gehören, was du angesammelt hast?" (Lk 12,20)

Auch unser Ordensvater Benedikt ist mir Orientierung. Es gibt kaum jemanden, der aus dem Nachdenken über das Seelenmaß der Zeit so kluge Ordnungen geschaffen hat für eine Zeitkultur wie der Schöpfer des abendländischen Mönchtums. Auch im weltlichen Leben heute kann man viel Inspirierendes und Heilsames vom Zeitmaß der Mönche lernen, das von Ausgleich und einem inneren Rhythmus bestimmt ist, der sich an der Liturgie und an der Natur orientiert und dem Tag und dem Ablauf des Jahres dadurch eine besondere Qualität gibt. All das sind Hinweise, die ganz aktuell sind.

Die Zeit, von der im Folgenden die Rede ist, ist also nichts, was man „haben" oder „sich nehmen" oder mit dem man handeln und reich werden könnte. Manche sagen „Zeit ist Geld". Richtig daran ist: Zeit ist kostbar. Denn sie ist begrenzt. Lebenszeit ist, wie unser Leben, nicht zu kaufen, sondern Geschenk. Wenn wir sagen, dass wir uns gegenseitig Zeit schenken oder wenn wir sagen, dass etwas „Zeit kostet", dann merken wir schon an der Sprache, wie kostbar die Zeit ist.

Es gibt natürlich die Zeit, die mit der Uhr gemessen und nach Minuten und Sekunden gezählt wird. Auch sie ist wichtig, weil sie unser Zusammenleben ordnet. Aber diese Ordnung ist nur das halbe Leben. Wir leben nun einmal in einer endlichen Zeit. Und wenn wir über Zeit reden, reden wir auch über die Kunst, unser Leben gut und sinnvoll zu gestalten in der begrenzten Zeitspanne, die wir auf dieser Welt sind. Wer Zeit sparen will und immer hektischer aktiv wird, der verliert sie möglicherweise.

Eine generelle Rückkehr zur Langsamkeit ist kein Heilmittel. Wir können nicht aussteigen aus dem Tempo unserer Welt. Und müssen doch suchen, wie wir mitten in diesem Zeitdruck noch „unsere" Zeit finden. Leben braucht Zeit. Wenn ich mir keine Zeit mehr nehme, dann ist das Leben auch nichts wert.

Angeblich gibt es ein Tal in Tirol, in dem sich die Menschen nicht „Grüß Gott" zurufen, wenn sie sich begegnen, sondern: „Zeit lassen!". Auch wenn das nur gut erfunden ist – dieser Gruß hat etwas. Er ist fast ein Segen.

Sich Zeit lassen, sich Zeit gönnen, die eigene Zeit bewusster leben – darum geht es in diesem Buch: Gönn dir Zeit. Es ist dein Leben!

Damit man am Ende auch die Zeit – und alles Zeitliche – segnen kann.

1 Zur Freude geboren

1979 besuchte eine Gruppe von japanischen Buddhisten und Shintoisten unser Kloster in St. Ottilien. Die Mönche haben einige Zeit mit uns gelebt und den Alltag mit uns geteilt. Vor ihrer Abreise kamen Journalisten: „Was ist Ihnen am meisten im Kloster aufgefallen?" Das war die erste Frage. Ich selber hielt in Erwartung der Antwort ein wenig die Luft an. Und dann sagten die Gäste aus Asien: „Die Freude."

Meine spontane Reaktion: Wenn das Nietzsche gehört hätte!

Ich bin überzeugt, das Christentum braucht mehr Moral und weniger Moralin. Und Nietzsches Forderung, „Sie müssten fröhlicher aussehen die Christen", gilt auch heute noch.

Wir sind zum Glück und zur Freude bestimmt, nicht zum Leiden und zum Unglück. Keiner wird auf die Frage, wozu er geboren sei, sagen: zum Trauern. Zum Leben, wenn es da ist, gehört Fülle, auch die Freude in Fülle. Jesus hat gesagt: Ich möchte, dass sie das Leben in Fülle haben – und damit auch die Freude in Fülle. Gemeint ist echte Freude, nicht die Scheinfreude, die die Werbung aufoktroyiert. Jesu Grundgefühl ist die Freude am Leben. Diese Freude, die aus Gott kommt, ist eine Möglichkeit, Gott kennenzulernen. Das ist der Kern seiner Botschaft: „damit meine Freude in euch ist und euere Freude vollkommen wird." (Joh 15,11)

Wir sind also sicher auch nicht auf die Welt gekommen, damit wir Angst haben. Die ständige Tendenz, zu kontrollieren, bestimmte in der Vergangenheit nicht selten die Wirklichkeit in den Klöstern und die christliche Alltagsmoral. Das hat Angst erzeugt. Es war, von heute aus gesehen, aber eher ein Infantilismus, wo Gehorsam als Unterwürfigkeit verstanden wurde oder beides miteinander verwechselt wurde.

Die monastische Tradition hat ganz andere Orientierungspunkte, auf die wir uns beziehen können. „Wie lange noch schenkst Du allen andern Deine Aufmerksamkeit, nur nicht Dir selber? Ja, wer mit sich selbst schlecht umgeht, wem kann der gut sein? Denk also daran: Gönne Dich Dir selbst." Das ist die Empfehlung des Bernhard von Clairvaux. Er hat es im 12. Jahrhundert an seinen Schüler Bernhard von Pisa geschrieben, den Mönch, der Papst wurde und den Namen Eugen III. annahm. So wichtig das Amt des Papstes ist, so gewaltig und vielfältig die Aufgaben, so bedeutend die Bürde – er rät Gregor, seine Zeit nicht nur anderen zu widmen, sondern sein eigenes Leben, sich selber nicht zu vernachlässigen. Bernhard kannte die Schwächen und die Stärken des Menschen. Tief verwurzelt in der benediktinischen Spiritualität kannte er auch die Notwendigkeit und den Sinn asketischer Lebensführung. Aber Gottgefälligkeit und Menschenfreundlichkeit gehören für diesen Heiligen zusammen.

Sich etwas gönnen ist ein Zeichen des weiten Herzens, der Großzügigkeit und der mitteilenden und wohlwollenden Lebensfreude, die andere nicht ausschließt.

Wir haben nur diese Lebenszeit. Und sie ist kostbar. Wir haben teil am Reichtum des Daseins.

Wer weiß, wie lange wir auf der Welt sind …

Für uns alle gilt: Leben ist endlich.

Deshalb ist es durchaus richtig zu sagen: „Lebe endlich".

„Pflücke den Tag!" – sagt Horaz. Packe den Tag am Schopf, bevor er entschwindet. Nütze die Gelegenheit, solange Zeit ist. „Verweile doch, du bist so schön", so spricht Goethe zum Augenblick – und wird in dieser Endlichkeit Ewigkeit erhaschen. Zeit ist flüchtig, diese Einsicht findet sich quer durch die menschheitliche Geschichte der Weisheit. Aber das muss nicht Weltflucht bedeuten, im Gegenteil.

Die Hinwendung zur Endlichkeit – und das heißt auch: zum Tod – kann ins Leben zurückführen. „Freut euch im Herrn allezeit", heißt es in Philipper 4,4. Und der Sonntag Laetare, an dem dieser Text auf eine herrliche Choralmelodie gesungen wird, verweist mitten in der Fastenzeit auf die Osterfreude. Der Name dieses Sonntags ist einMotto für das anze Leben: „Freut euch im Herrn immer".

Wer sich der Freude öffnet, wer sie sich gönnt, ihr Raum und Zeit in seinem Leben einräumt, dessen Herz wird weit. Das steht hinter dem Rat Bernhards und es steht auch in der Tradition des Mönchtums. Benedikt spricht in seiner Regel sehr kritisch über den Müßiggang. Aber die Lebensfreude spielt in der Regel eine wichtige Rolle. Am Ende des Vorworts zu dieser Regel schreibt er: Der Mönch solle sich nicht entmutigen lassen, der Anfang mag zwar schwer sein und der Weg eng, aber wer auf dem Pfad der Tugend weitergelaufen ist, dem weitet sich die Seele und er geht den Weg nicht mehr, weil er sein muss, sondern in der Freude des Herzens.

Wenn Benedikt den Mönch auf den Pfad der Tugend schickt, sagt er nicht, er solle perfekt werden. Das ist ein großer Unterschied. Wer sich unter Vollkommenheitsdruck stellt, wird nie zufrieden sein. Perfektionsdruck ist der Feind jeder Freude. Leute, die unter Perfektionismusdruck stehen, sind tragische Figuren. Sie werden nie zufrieden sein, sie jagen immer hinter etwas her, das sie nicht erreichen können. Sie kommen ewig zu kurz. Männer, die hinter dem perfekten Bodybuilderkörper herhecheln, oder die jungen Frauen, die wie das

Supermodel Heidi Klum aussehen möchten und sich deswegen zu Tode hungern, sind tragische Figuren.

Benedikt sieht bei der Perfektion auch die Gefahr des Stolzes. Ihm geht es bei der Formulierung seiner Regel um das rechte Maß: darum, dass „die Starken finden, wonach sie verlangen und die Schwachen nicht davonlaufen". Das ist benediktinisch.

Freude aus der Weite des Herzens strahlt aus auch auf andere. Ich finde sie immer bei Menschen, bei denen das Leben einfach gelungen ist. Wahre Lebensfreude ist nicht erst am Ende des Weges oder des Lebens möglich. Es gibt Menschen, die schon sehr früh so weit sind und andere, die sich diese Haltung im Lauf eines Lebens erwerben. Ich erzähle immer wieder gern von einem inzwischen verstorbenen Mitbruder, der ein solcher Mensch war. Mit seiner Geradlinigkeit und mit seinem Humor konnte er alles in Frage stellen. Der konnte durch eine kleine Bemerkung die Wirklichkeit zurechtrücken und den konnte selber nichts aus der Bahn werfen. Er konnte dasitzen und sich alle Argumente anhören und am Schluss mit einer Frage das ganze Kartenhaus zusammenfallen lassen. Das nenne ich Souveränität und heitere Gelassenheit.

Dieser Mitbruder hatte seinen Platz im Chor unserer Klosterkirche direkt mir gegenüber. Hin und wieder sah ich ihn in sich hineinschmunzeln und wenn ich ihn hinterher gefragt habe, sag mal, was hast du heute wieder gedacht, dann sagte er nur: „Es ist halt so schön." Meistens war es eine Boshaftigkeit, die ihm durch den Sinn gegangen war und die er dann so kommentierte: „Lieber andere ärgern als sich selbst. Das ist gesünder."

Wir dürfen uns selber gut sein und sollen es auch anderen gegenüber sein. Wenn ich glaube, angenommen und geliebt zu sein, ganz so wie ich bin, brauche ich nicht krampfhaft nach Selbstfindung suchen, um mich selber annehmen zu können. Viele, die von ihren Eltern nicht genügend Zuwendung bekommen haben, suchen lebenslang sich selbst. Ein normal aufgewachsenes Kind braucht sich nicht erst finden. Es weiß, wer es ist. Dem haben die Mutter, die Geschwister und der Vater das nötige Selbstbewusstsein mitgegeben. Natürlich brauchen wir auch später das, was in einer Ehe sehr schön zum Tragen kommt, wenn der Mann seine Frau stützt und ihr sagt, wie schön sie ist und wie er sich freut über alles. Und umgekehrt, wenn die Frau in einer kritischen Situation ihrem Mann sagt, jetzt lass den Kopf nicht so hängen, an dieser Sache hängt es nicht, auch wenn es mal schiefgegangen ist. Das sind die emotionalen Streicheleinheiten, die wir uns gegenseitig gönnen sollten, weil sie gut tun und einfach zur seelischen Gesundheit gehören.

Lebensfreude besteht darin, das Leben so zu nehmen, wie es ist. Das Leben ist nun einmal begrenzt. Der Mensch ist nun einmal unvollkommen. Humor ist die angemessene Haltung. „Life is too important to be taken seriously", hat Oscar Wilde gesagt. Ich schmunzle über die kleinen Unvollkommenheiten des Lebens aus einer gewissen Distanz heraus und habe keine Lust, jemanden zu verurteilen, der meinen Maßstäben nicht entspricht. Im Grunde sehnen sich alle nach einer solchen Gelassenheit. Wer will schon ständig unter einem Vollkommenheitsdruck leben?

„Fröhlich sein und die Spatzen pfeifen lassen", sagt Don Bosco. Das ist christliche Gelassenheit: Ich akzeptiere, dass die Welt endlich und begrenzt ist. Dann kann ich meine Rechnung aufmachen, alles abwägen und handeln. Eine Welt, in der wir uns unter dieser Voraussetzung begegnen, schaut ganz anders aus, als eine Welt, die den Perfektionisten oder Moralisten in die Hand fällt.

Eine Konsequenz aus dieser Einsicht: Sich bewusst Zeit nehmen für etwas, das Freude macht – das kann sich jeder vornehmen. Ich selbst versuche, danach zu leben. Vor Kurzem habe ich mit meiner Band in Benediktbeuern einen Auftritt mit der Rockgruppe „Deep Purple" gehabt. Für so etwas nehme ich mir Zeit. Auch wenn einige, die sie nicht kennen und auch nicht verstehen, meinen, Rockmusik sei Musik des Teufels.

Wenn strenge Pietisten dagegen sind, stört mich das auch nicht. In meiner Allgäuer Heimat gibt es viele Reformierte. Ich war als Kind oft bei einer Apothekerfamilie fast wie zu Hause, habe mit den Kindern gespielt. Die Kinderzeitschrift, die ich da zu lesen bekam, war alles andere als unterhaltsam und lustig. Da hing sozusagen ein ständiger Trauerflor drü-ber. Als kleiner Bub habe ich mir damals angesichts eines so heftigen Sündenbewusstseins gesagt: „Ich könnte nicht evan-gelisch werden, das ist so traurig." Dabei habe ich später ganz andere, sehr humorvolle Protestanten kennen gelernt wie den Theologen Karl Barth, der jeden Morgen mit Mozart-Musik aufgestanden ist und hoffte, auch im Himmel Mozart-Musik zu hören.

Auch Rockmusik ist für mich ein Zeichen und Ausdruck von Lebensfreude. „On the Highway to Hell", diesen Song einer australischen Hardrockband singe ich im Flieger, wenn's run-tergeht. Und dann singe ich mit der gleichen Freude „Stair-way to Heaven" von Led Zeppelin. Muss man denn alles so bierernst und tragisch nehmen? Dürfen wir solche Texte nicht auch ironisch nehmen?

Wir alle sind zur Freude geboren. Und wir sollten uns die Freude gönnen. Die Jugendlichen, die diese Musik lieben und in ihr aufgehen, ebenso wie alle anderen, Junge und Alte nicht anders als die Mönche im Kloster.

Freude ist das wirkungsvollste Gegenmittel zur Angst. Wenn in meinem Kloster die Leute einmal zusammensitzen werden und überlegen, was von den Äbten übrig geblieben ist, wenn sie sich erinnern, was der eine gebaut und organisiert hat und was der andere geleistet hat und wenn sie sich fragen, was ihnen aus meiner Zeit noch in Erinnerung geblieben ist, dann würde ich mich freuen, wenn sie sagen würden: „Wir hatten keine Angst mehr."

Das wäre für mich das schönste Kompliment.

2 *Die große Frage*

Die große Frage ist: Was fangen wir an mit unserer Zeit, mit unserem Leben? Welche Prioritäten sollen wir setzen? Eine Antwort aus der Regel des Benedikt scheint auf den ersten Blick schockierend: „Der Mönch soll alle Zeit den unberechenbaren Tod täglich vor Augen haben."

Das klingt nach Lebensverneinung und Askese.

Das Gegenteil ist der Fall.

Die Aufforderung Benedikts erinnert mich an ein Bilderbuch von Wolf Erlbruch, es trägt den Titel: „Die große Frage". Ein Kind geht herum und stellt Menschen, Tieren und Dingen „die große Frage": „Wozu bist du, wozu bin ich auf der Welt". Alle Befragten antworten anders. Der Bruder sagt zum Beispiel: „Um Geburtstag zu feiern, bist du auf der Welt"; die Großmutter: „Natürlich bist du auf der Welt, damit ich dich verwöhnen kann." Der Vogel: „Um dein Lied zu singen, bist du da". Auch der Stein wird gefragt: „Du bist da, um da zu sein."

Am Ende fragt das Kind auch den Tod – und der antwortet: „Du bist auf der Welt, um das Leben zu lieben."

Wie kann das zusammenhängen: Das Wissen um den Tod und die Liebe zum Leben?

David Steindl-Rast, ein inzwischen über achtzigjähriger Benediktinerbruder, erzählt einmal seine Berufungsgeschichte. Er wuchs während des Krieges in Österreich auf und eine Grunderfahrung war der Tod. Seine jungen Freunde wurden eingezogen und starben. „Und trotzdem", sagt er: „Den Tod täglich vor Augen – und trotzdem war meine Jugend die glänzendste, die schönste, die glitzerndste Jugend, die man sich vorstellen kann. Trotz all des Schrecklichen. Eine wunderbare, nicht zu bändigende Lebendigkeit. Und dann war plötzlich der Krieg zu Ende. Und ich habe gelebt. Ich war neunzehn und hatte nie geglaubt, dass ich jemals zwanzig werden könnte. Zufällig, wenn es so etwas wie einen Zufall gibt, hatte ich damals, weil es Untergrundliteratur war, die Regel des heiligen Benedikt gelesen. Darin steht, der Mönch soll den Tod allzeit vor Augen haben. Und plötzlich ist mir klar geworden: Wir waren so glücklich, weil wir den Tod immer vor Augen hatten. Deswegen hatten wir ein ganz anderes Verhältnis zur Zeit, zum Leben.

Nicht nur in der Ausnahmesituation des Krieges merkt man es, ganz direkt und eindringlich: Unsere Zeit ist begrenzt. Die Erfahrung einer Krankheit kann das sein. Der Tod eines Gleichaltrigen oder der eines jungen Menschen. Oder ein Unfall, dem man gerade noch entkommen ist. Ich habe viele solcher Erfahrungen in meinem Leben gemacht. Sie geben der Zeit, unserer Lebenszeit, eine ganz neue Qualität. Wir leben intensiver, bewusster und achtsamer.

„Den unberechenbaren Tod täglich vor Augen haben", das rät Benedikt also nicht aus Angst, sondern um die Werte dieser Welt richtig einschätzen zu können. Der Satz findet sich in dem Kapitel über die geistlichen Instrumente, also die geistlichen Übungen. Damit ist schon gesagt, dass man diese innere Haltung gewinnen kann, die vor falschen Alternativen schützt: ganz einfach, indem man sie trainiert. Jeden Tag. Indem wir uns an unsere Endlichkeit erinnern, können wir erkennen, was wirklich wichtig ist und Bestand hat. Ein solches Bewusstsein lehrt uns Abstand, damit wir uns nicht zu schnell in Vordergründiges und Unwichtiges verwickeln lassen.

Nicht der Tod ist unser Unglück. Unglücklich werden wir, wenn wir ihn verdrängen und so tun, als könnten wir vor ihm fliehen. Wer die Flüchtigkeit der Zeit spürt, muss nicht in Panik geraten und selber fliehen. Oft genug sehe ich: Wer den Tod nicht akzeptiert, lebt so, dass er zwei oder drei Leben in eines packen will. Vieles von der Hetze in unserem Leben ist vielleicht auch davon bestimmt. Erlebnishunger als Angst, nicht genug Leben abzubekommen.

„Nur die Weisheit kennt den Ausgang von Zeit", heißt es in der Bibel. Eine Aufforderung zur Gelassenheit. Das ist keine leichte Sache.

In meinem Heimatort gab es gegenüber unserem Haus eine Metzgerei. Die Metzgerin hatte fünf Söhne, vier sind im Krieg gefallen, der letzte Sohn sollte das Geschäft übernehmen. Als er einmal mit dem Motorrad nach München fuhr, übersah er die rote Ampel und verunglückte tödlich. Etwas Schlimmeres kann man sich für die Mutter kaum vorstellen. Dazu kam: sie hatte Zucker, und ein Bein musste amputiert werden. Die Metzgerei ist dann schließlich an entfernte Verwandte übergegangen.

Diese Frau hat alles verloren, woran sie hing und was früher ihr Leben war. Ich habe sie, als ich im Seminar von St. Ottilien war, während der Ferien immer besucht und sehe sie heute noch im Rollstuhl vor mir sitzen: in sich ruhend, mit dem Rosenkranz in der Hand. Und dabei war sie alles andere als eine Frömmlerin. Wir haben uns viel unterhalten und sie sagte mir: „Weißt du, ich sehe nicht, wozu das alles gut ist. Ich kann es nicht ergründen. Aber was ich weiß: Unser Geschick ist in Gottes Hand und so bete ich und bin in Gedanken bei Gott. Ich weiß, es wird eines Tages einmal vorbei sein, und das ist eben jetzt noch mein Leben." Sie ertrug ihre Situation, nicht in dumpfer Verzweiflung und nicht resignierend. Für sie war der Tod im positiven Sinne eine Erlösung. Ihre großartige

Weisheit bestand darin, zu sagen: Alles ist in der Hand Gottes. Und sich da hineinzugeben und alles andere loszulassen. Sie, die früher eine pingelige Geschäftsfrau war, die im Metzgerladen stand und fragte: „Darf's ein bisschen mehr sein?" und bei der wir immer aufpassten, ob sie sich nicht in die Finger schneidet. Und auf einmal ist alles weggefallen und alles, was früher wichtig gewesen war, wurde zweitrangig. Und jetzt konnte sie die Dinge in ihrem Wert belassen ohne ihren Wert abschätzen zu müssen. Sie konnte Dinge annehmen, die für andere unvorstellbar sind – und die sie sich selbst früher auch nicht hätte vorstellen können.

Weise machen, das kann das Wissen um unsere Endlichkeit. Der eigentliche Zeitgeber ist der Tod. Unsere Lebenszeit bemisst sich von dieser irdischen Grenze her. Aber unsere Hoffnung geht darüber hinaus.

Wenn mich jemand fragen würde: Was ist – kurz zusammengefasst – das Verhältnis des Christentums zur Zeit?, dann würde ich sagen: Es ist das Verständnis, dass wir nur zu Gast sind auf dieser Welt. Wie es in dem bekannten Kirchenlied heißt: „… wir sind nur Gast auf Erden und wandern ohne Ruh durch mancherlei Beschwerden der ewigen Heimat zu."

Meinem Namenspatron Notker dem Stammler, im 9. Jahrhundert Mönch in St. Gallen, wird ein Text zugeschrieben, der zu den schönsten der geistlichen Literatur des Mittelalters zählt. Der Legende nach soll Notker die Antiphon „Media vita in morte sumus" gedichtet haben, als er Bauleute beim Bau einer Brücke, über dem Abgrund schwebend, beobachtet hatte: „Inmitten des Lebens sind wir vom Tod umfangen." Ich denke bei diesem Text immer an das Unglück beim Bau der Brennerbrücke. Ich bin damals mit dem Zug zweimal darunter durchgefahren und bestaunte die Arbeiter in schwindelnder Höhe bei ihrem Tun, bis sie dann eines Tages in die Tiefe stürzten.

Das Leben des Menschen ist begrenzt, aber es hat ein Ziel. Unsere Zeit ist zwar vom Tod begrenzt, aber nicht vom Tod her bestimmt. Sie ist – wie unser Sterben und unser Tod – in der Hand Gottes. Der Rat der Benediktregel, der Mönch solle sich den Tod täglich vor Augen halten, heißt einfach: Mach dir nichts vor. Der Tod ist Ziel unserer irdischen Wanderschaft, aber nicht das Ende unseres Lebens. Der Tod ist ein Teil unserer Natur. Das ist keine Drohung, sondern ein Memento. Es will nicht der Angst Vorschub leisten, sondern nur sagen: Mach dir keine Illusion. Nichts hat einen Ewigkeitswert auf dieser Erde. Nütze die Zeit. Verplempere sie nicht, irgendwann einmal ist es vorbei. Halte dich an nichts Irdischem fest. Schau *jetzt* auf das, was wirklich etwas wert ist.

Alles was hier geschieht, ist begrenzt. Die Sehnsucht nach Ewigkeit erfüllt sich endgültig erst in der Herrlichkeit Gottes, wenn unser unruhiges Herz zur Ruhe kommen wird in Ihm. Aber für Christen ist auch jeder Augenblick auf Erden wichtig. Deswegen wird im Christentum Zeit auch so positiv gesehen und bewertet. Lebenszeit ist kostbar, als Geschenk. Und sie ist kostbar, weil sie etwas ist, was man auch verlieren kann. Aber die Zeit ist auch relativ. Sie verschwindet dann im Sterben. Der Christ weiß: Die Einheit mit Gott wird mich herausnehmen aus der Zeit, in Seine Ewigkeit.

Im Blick auf den Tod bekommt unsere Zeit hier eine neue Bedeutung. In einem doppelten Sinn. Sie relativiert sich und sie wird wichtiger. Wenn mir jemand sagt, du musst deine Zeit jeden Tag genau nutzen, denn das wird alles einmal vom Herrgott gerechnet, ist meine Antwort immer: Ich glaube, der Herrgott hat mir die Zeit hier in diesem Leben auch zu meiner Freude geschenkt. Egal, wie viel ich tue, wie sehr ich mich abstrample – den Himmel erwerbe ich mir aus eigener Anstrengung und Leistung nie. Deshalb kann ich auch gelassen auf mein Leben schauen, denn für mich hat die Zeit keinen absoluten Wert. Sie hat ihn sowieso nicht, denn sie ist vergänglich und wird von der Ewigkeit aufgehoben. Nur wenn ich aus meinem vergänglichen und endlichen Leben eine Absolutheit mache, dann wird es tragisch.

Mit der Zeit, im Laufe der Jahre erfahre ich es immer mehr: Mein Leben ist ein Geschenk. Es ist als Ganzes nicht in meiner Hand. Ich freue mich über jeden Tag. Ich freue mich über jedes Jahr. Über alles, was ich tun kann. Ich kann mich auch über ganz einfache Dinge freuen. Etwa, dass ich Zeit oder die Möglichkeit habe zu Gesprächen.

Gerade weil die Zeit endlich ist, ist sie so kostbar.
Ich habe kein Problem zu sterben, überhaupt nicht.
Aber es ist einfach noch so schön.

3 *Sinn und Grenzen der Arbeit*

In der Antike war derjenige, der arbeiten musste, ein Paria. Er stand am Rand einer Gesellschaft von Freien. Muße war das, was den Freien vom Sklaven unterschied. „Otium", das lateinische Wort für Muße, meint die Zeit für die wirklich wichtigen Dinge wie Philosophie, Kunst und öffentliche Angelegenheiten. „Negotium", also das Geschäft, ist die Verneinung des Ideals. Die antiken Denker gingen sogar davon aus, dass Erwerbsarbeit charakterschädigend ist. In Rom durften Handwerker daher kein staatliches Amt ausüben. Politiker, Redner und Rechtsberater arbeiteten deswegen nicht, sie pflegten ihre Muße. Für Rechtsbeistand Geld zu verlangen, war in Rom per Gesetz untersagt.

In der Bibel ist Arbeit auch „bebauen und bewachen" (vgl. Gen 2,15). So steht es in den Psalmen. Und es gibt auch das Lob der Ernte in Psalm 65: „die Täler wogen von Korn, und alle jauchzen dir zu und singen." Aber sie ist keineswegs etwas nur Erfreuliches. „Im Schweiße deines Angesichts sollst du dein Brot essen"(Gen 3,19), heißt es da. Arbeit hat nach diesem Verständnis zwar mit einem göttlichen Auftrag zu tun, aber auch mit Sünde. Und mit Last und Plackerei. „Die Fülle unserer Jahre ist siebzig, und ist Kraft uns beschieden, so kommen wir auf achtzig. Die meisten von ihnen sind Plage und vergebliche Mühe; rasch enteilen sie, im Fluge sind wir dahin" (Ps 90,10).

Steht bei den Griechen und Römern in der Wertordnung des Tuns ganz klar die Muße im Zentrum, so kommt bei Benedikt, der ein Sohn dieser Kultur ist, ein neuer Ton hinzu. Hätte in römischer Zeit keiner politisches Tun und Feldarbeit oder Hausarbeit mit dem gleichen Wort bezeichnet, so sagt Benedikt: Die Mönche sollen sich nicht betrüben, wenn sie die Ernte selber einbringen müssen, auch wenn sie selber Hand anlegen müssen. Seine Begründung: Erst dann sind sie wahre Mönche, wenn sie wie unsere Väter, die Apostel, von der eigenen Hände Arbeit leben.

Der Gründer des abendländischen Mönchtums beginnt das Arbeitskapitel in seiner Regel mit der Feststellung: Müßiggang ist aller Laster Anfang. Seine Überzeugung ist: Müßiggang ist der Seele Feind. Das Otium wird zur Otiositas, die Muße zum Müßiggang. Und deswegen schreibt er, der Abt soll den Mönchen, wenn sie nicht lesen wollen – prophylaktisch sozusagen – eine ordentliche Arbeit in die Hand geben. Selbst Kranke sollen eine leichte Arbeit bekommen, damit sie nicht müßiggehen und ihre Seele so in Gefahr bringen.

Freiheit oder Abhängigkeit, Last oder Lust – dieses Doppelgesicht hat die Arbeit immer noch. Heute ist Arbeit etwas, womit man sein Geld und seinen Lebensunterhalt verdient. Und es ist, ganz im Gegensatz zum antiken Verständnis, immer mehr etwas geworden, was Freiheit gewährt, Unabhängigkeit schafft und Lebenssinn vermittelt.

Aber das Doppelgesicht bleibt: Denn in der Gegenwart ist immer mehr auch von Last und Beschwernis die Rede, vom Zwang, vom Druck, der so vielen Menschen in der modernen Industriegesellschaft Stress verursacht und sie die richtige Balance zwischen Arbeit und Leben nicht mehr finden lässt, keine Zeit mehr lässt für das, was man Muße nennt – die nicht mit Frei-Zeit gleichzusetzen ist. Muße, das ist die Zeit, in der ich selbstbestimmt tätig sein kann.

Es war gerade ein Modell für die Balance, die Benedikt vorschwebte, als er Arbeit und Mönchtum, aktives und kontemplatives Leben, zusammendachte. Es war ein neues Verständnis von Arbeit und Zeit, eine neue Ethik des Umgangs mit der Welt, was das benediktinische Mönchtum ins Abendland gebracht hat. Gebet und Arbeit, Gottesdienst und Gestaltung der Schöpfung gehörten für den Gründer des abendländischen Mönchtums zusammen. „Ora et labora" heißt: Der Mensch befindet sich im Gleichgewicht, wenn er die Zeit des Alltags und seine Ausrichtung auf die Ewigkeit, seine Beziehung zur Welt und seine Beziehung zu Gott also, zusammenbringt. Beides macht den Sinn des Menschen aus: in der Arbeit die Kräfte anzuspannen und zu entfalten, sich aber auch nicht in der Arbeit zu verausgaben.

Bei Benedikt kommt zum „Ora und labora" noch ein drittes Element: „Lege" – lies: die Lesung der Bibel und der Schriften der Kirchenväter. Der täglichen Lesung räumt er eigene Zeiten ein, der Sonntag soll ganz dafür frei sein. Das war für kleine Klöster sicher nicht leicht, wenn man bedenkt, dass es damals keine gedruckten Bücher gab, die man sich schnell in einer Buchhandlung besorgen konnte. Sie mussten alle einzeln mit der Hand abgeschrieben werden. Aber diese geistig-geistliche Nahrung war ihm so wichtig, dass er ihr genügend Zeit aussparte: Muße wird zur erfüllten Zeit.

Bei dem deutschen Philosophen Immanuel Kant, der an sich noch in der christlichen Tradition steht, wird es dann schon heißen: „Je mehr wir beschäftigt sind, je mehr fühlen wir, dass wir leben." Die Arbeit schiebt sich als positiver Wert in den Vordergrund.

Jetzt, nach diesem Verständnis, ist es schon selbstverständlich: Arbeit ist nicht mehr Zeichen von Unfreiheit. Arbeit und arbeitsfreie Gestaltung des Lebens gehören zusammen und machen das Menschsein aus.

Nachdem die Arbeitszeit als Lebenszeit und als Inhalt von Lebenssinn immer wichtiger geworden ist, führt das in der modernen Industriegesellschaft zu ganz neuen Fragen.

Die einen haben wenig zu tun, heißt es, und die anderen haben zu viel zu tun. Der Druck wird größer, es werden immer weniger Leute, die immer mehr tun müssen. Natürlich ist damit nicht das gemeint, was es auch gibt, dass bestimmte Leute einfach viel zu tun haben müssen. Nach dem Motto: Wenn du was erledigt haben möchtest, dann gib es einem, der zu viel zu tun hat, der bringt's.

Künstlerische Betätigung ist möglicherweise ein Sonderfall. Sie wird auch in der Antike nie als knechtliche Arbeit angesehen. Und wenn wir an einen Künstler wie Lüpertz denken, der aus halben Bäume Plastiken schneidet, dann wird der das Bewegen und Bearbeiten dieser schweren Holzteile wohl nicht als knechtliche Arbeit empfinden. Diejenigen, die diese Bäume fällen mussten, haben das sicher anders empfunden. Und auch ein Künstler wie Serra, der große Eisenteile zusammenschweißt, wird seine Tätigkeit anders empfinden als der Schweißer in der Fabrik.

Wenn man von kreativen Tätigkeiten aber einmal absieht, ist Arbeit in aller Regel fremdbestimmt: Man ist eingebunden in einen Prozess, der von anderen geplant und bestimmt ist. Man muss etwas tun, was andere aufgetragen haben oder was durch bestimmte Abläufe festgelegt ist. Allerdings ist es etwas ganz anderes, sich einfach von anderen „unterbuttern" zu lassen. Entscheidend ist doch, dass man sein Selbstbewusstsein und Freude an der Kreativität einbringt.

Menschen wollen eigentlich etwas Produktives tun, sich ausdrücken in dem, was sie tun, sie wollen einen Beitrag leisten, tätig sein. Die Erfahrung, dass ich etwas wert bin, kommt auch durch die Arbeit. Und wer nichts tut, für den ist die Gefahr des Frusts groß. André Gorz, der französische Sozialphilosoph, war zunächst ein Verfechter des bedingungslosen Grundeinkommens. Später ist er wieder davon abgerückt. Er gab eine interessante Begründung für seinen Überzeugungswechsel. Er sagt: Man subventioniert in der Konsequenz damit die Weigerung, *überhaupt* etwas zu tun.

Das ist die Gefahr. Und das ist auch der Grund, warum ich mit der Idee des bedingungslosen Grundeinkommens meine Probleme habe. Es ist dasselbe wie in der Dritten Welt. Da werden durch Entwicklungshilfe die Menschen abhängig gemacht und dazu verführt, Eigeninitiativen aufzugeben. Menschen, denen man alles in den Schoß legt, tun schließlich gar nichts mehr aus eigenem Antrieb. Warum auch? Es ist verführerisch und bequem, Geld einfach nur in Empfang zu nehmen. Warum sollte man sich da noch anstrengen? Wenn wir eine solche Haltung fördern, machen wir den Menschen, seine Freiheit und seine Kreativität kaputt. Man gewöhnt sich daran.

Arbeit ist ein Stück Sinn meines Lebens: Zu sehen, ich werde gebraucht und bin nützlich auch für andere; mit dem, was ich leiste, erwerbe ich meinen Lebensunterhalt und wenn ich am Abend von meinem Tagwerk müde bin, weil ich wirklich etwas gearbeitet habe, dann weiß ich, was ich getan habe.

Als in den 60er Jahren in den Klöstern bei vielen die Sinnkrise ausbrach, waren es in der Regel die Priestermönche, die in diese Berufungskrise geraten sind. Die Laienmönche, die sogenannten Brüder, die Schreiner, die Schuster, die Handwerker, die haben am Abend immer gesehen, was sie getan haben. Für einen Priester in der Seelsorge ist das in der Regel nicht so erfahrbar.

Bei Menschen, die in die Rente kommen oder in Pension gehen, kann es ähnlich sein. Es gibt für jeden, wenn er aus dem Arbeitsprozess ausscheidet, eine Zeit, wo er nichts mehr „muss". Er ist nicht mehr im gleichen Maß „gefragt" wie früher. Aber auch in dieser Zeit braucht man Ziele, damit das Leben interessant bleibt. Ich selbst brauche Ziele, die mich antreiben. Dieses Angestoßensein und – in diesem positiven Sinn – Getriebensein auf ein Ziel hin macht ja Sinn. Ich würde in den von Benedikt so kritisierten Müßiggang verfallen, wenn kein Stimulus mehr da wäre.

Aber ein solcher Stimulus muss ja nicht nur in Erwerbsarbeit bestehen. Es gibt viele sinnvolle Tätigkeiten, die für unsere Gesellschaft lebenswichtig sind.

Im Sinn des antiken Verständnisses war es ja im Verständnis von Muße inbegriffen, Zeit zu haben, sich in gesellschaftliche Zusammenhänge einzubringen und tätig zu sein, ohne Geld als Lohn zu bekommen. Wenn heute Menschen ohne bezahlte Arbeit sich im Ehrenamt engagieren oder sich sozial kreativ einsetzen, finde ich das ausgezeichnet. Diese Menschen finden ihren Sinn, wenn sie von früh bis spät genauso beschäftigt sind wie früher. Menschen, die sich durch andere in die Pflicht nehmen lassen, werden das auch für sich als wohltuend empfinden. Kürzlich las ich davon, dass ältere Menschen sich in der Schule eines Problemviertels als Mediatoren engagieren und den Kindern dabei helfen, über ihre Probleme und Konflikte miteinander zu reden, statt gleich zuzuschlagen. Und jemand hat mir von einem Oma-Opa-Projekt erzählt: Manche Eltern haben keine Zeit, weil sie berufstätig sind. Oder es gibt zugewanderte Eltern, die ihren Kindern aus sprachlichen Gründen nicht beim Lernen helfen können. Das „Oma-Opa-Projekt" springt in solchen Fällen ein und sorgt für die Kinder. Wer hier mitmacht, ist natürlich in die Pflicht genommen und geht Verbindlichkeiten ein. Aber nur so kann eine Gesellschaft Zusammenhalt finden: Menschen setzen ihre Zeit für andere ein, ohne immer aufs Geld zu schauen. Dem anderen nützen zu wollen, Gemeinschaft zu fördern, das macht Sinn.

Bei uns in Deutschland meint man ja oft, eine abstrakte Chancengleichheit würde alles ausmachen, auch bei Bildung. Aber was hilft es, wenn der Kleine in der Familie zu Hause keinen Rückhalt hat, wenn das Milieu eher bildungsfern oder gar bildungsfeindlich ist. Ich kenne solche Fälle, wo es heute immer noch heißt: „Pass auf, sonst wirst so ein Studierter. Du brauchst nicht die ganze Zeit lesen." Solche Kinder zu unterstützen, sie stark zu machen gegen die Gefahr der Trägheit, auch gegenüber der Gleichgültigkeit der Eltern, ist eine wichtige Aufgabe.

Chancengleichheit muss von unten her wachsen. Jeder ist gefragt. Ich selbst bin als Kind auf dem Land aufgewachsen und als ich – zusammen mit anderen aus unserem Dorf – die Aufnahmeprüfung für die Oberrealschule in Memmingen machen musste, wussten alle unsere Lehrer, dass wir nicht dieselben Chancen hatten, wie die Kinder aus der Stadt. Ich hatte damals einen Lehrer, der acht Schüler von uns ganz freiwillig, ohne auch nur eine Mark zu erwarten oder einzustecken, sechs Wochen lang auf diese Aufnahmeprüfung vorbereitet hat. Er hat mit uns trainiert und zwei von uns schnitten bei dieser Aufnahmeprüfung als Beste ab. Das war Chancengleichheit, die durch Menschen ermöglicht worden ist. Dasselbe Umfeld bedeutet nicht dieselben Startbedingungen für jeden. Auch heute noch nicht. Und deshalb brauchen wir einander – und Menschen, die Zeit füreinander haben.

In der Regel sind das heute Menschen, die mit ihrem Beruf aufgehört haben. Aber doch etwas Sinnvolles anfangen wollen – auch mit sich selber.

Es gibt natürlich auch Menschen, die nach einem harten Arbeitsleben erst einmal sagen: Jetzt will ich aber meine Zeit genießen. Sie haben recht, auch wenn es schade ist, falls sie das vorher nicht konnten. Aber auch wenn die Arbeit als Berufsarbeit zu Ende ist, muss man ja nicht Däumchen drehen und sich langweilen.

Aufhören können. Loslassen. Gelassen werden. Das gehört zur Lebenskunst, nicht erst nach der Pensionierung. Nicht nur beim Streit muss man aufhören können. Auch bei den Anforderungen der Arbeit. Aber auch beim Feiern. So sehr wir uns nach Dauer sehnen und so sehr wir uns von einem glücklichen Augenblick wünschen: Verweile doch. Es gibt auch: Irgendwann ist genug. Es war schön. Aber wir haben auch wieder anderes zu tun. Diese alten Volksweisheiten sind wunderbar. Wer aufhört, wenn's am schönsten ist, der hat es in bester Erinnerung und will nichts weiter erzwingen. Aufhören ist nicht nur eine Kunst, es ist auch eine Entscheidung. Auch bei der Arbeit muss man ein Ende finden. Wer Perfektionist ist, wird nie fertig. Man muss auch mal sagen können: Schluss jetzt. Es muss so stehen bleiben, ich könnte vielleicht noch besser, aber es reicht. Aufhören heißt also auch: die eigene Begrenztheit anzunehmen.

Auch mit dem Beruf muss man – irgendwann – aufhören können. Dann heißt es, sich von dem zu verabschieden, was er vielleicht an Struktur, an Macht, an Privilegien mit sich gebracht hat. Damit ist nicht nur der Minister gemeint, der plötzlich keinen Chauffeur, und der Chef, der keine Sekretärin mehr hat, und der Vorgesetzte, dem keiner mehr die Tür aufhält. Wenn die Arbeit Teil des Lebens, der Identität war und plötzlich das alles wegfällt, kann das einem Schock gleichkommen. Wenn das Leben ausschließlich über den Sinn der

Arbeit definiert wurde, bleibt die Frage: Wer bin ich, wenn ich das nicht mehr habe?

Zeiten der Arbeit und nichtfunktionale Zeiten des Gebets sind im Alltag der Mönche aufeinander bezogen. Sie bestimmen den Ablauf eines Tages und eines ganzen Lebens und erst gemeinsam prägen sie den Sinn des Daseins. Aber auch für jeden anderen gilt: Etwas Sinnvolles zu tun, zu arbeiten, Zeit zu nutzen, das ist wichtig. Aber es ist nur das eine. Ich bin nicht nur zur Arbeit geschaffen. Die Muße ist auch ein Teil unseres Lebens.

Sören Kierkegaard sagt, Muße sei ein geradezu göttliches Leben, solange man sich nicht langweilt. Muße kann natürlich zum Müßiggang führen, wenn ich nur döse. Dösen zwischendurch kann auch gut sein, aber das ist Entspannung. Entspannung heißt ja: aus der Spannung, aus dem Angespanntsein herauskommen.

Anspannung und Entspannung sind aufeinander bezogen. Es gibt Bereiche, wo man mit Spannung nicht weiterkommt, Zeiten kreativer Ruhe: Zeiten wo man sich anderen zuwendet, menschliche Beziehungen pflegt, wo man miteinander isst oder ein Gespräch führt. Wo man nicht in Anspannung ist, aber wo doch etwas Wichtiges passiert. Aber dann auch wieder Zeiten der Hochspannung, die genauso kreativ sind: Ein Künstler oder ein Forscher vergisst auf einmal sogar das Mittagessen, weil er so vertieft ist in die Gestaltung eines Themas oder die Lösung eines Problems. Er spürt zwar, dass der Bauch knurrt, aber ihm ist das andere wichtiger. Das ist die eigentliche Freiheit des Menschen. Ein Tier würde dann aufhören.

Entspannung ist menschlich. Und Spannung ist menschlich. Beides ist aufeinander bezogen. Was uns gewisse Wellness-Propheten und Entspannungsapostel predigen, verhindert Kreativität. Es ist narzisstische Selbstbezogenheit. Und am Ende zum Einschlafen und langweilig.

Nur ein Muskel, der sich entspannt, wird später wieder leistungsfähig sein. In der Entspannung entsteht neue Spannung und neue Kraft.

4 Aussteigen geht nicht

Wir sind nicht Robinson Crusoe und wir leben nicht auf einer Insel. Wir können das Tempo unserer Welt nicht mehr zurückdrehen, genauso wenig wie wir aus der Geschwindigkeit aussteigen können, mit der unser Globus sich um die Sonne dreht.

Wir können je nach Situation und Notwendigkeit die Tempi wählen, nach denen wir agieren. Wer sich aber aus dem Tempo der modernen Welt insgesamt ausklinken möchte, der müsste sich auch aus unserer Zivilisation verabschieden. Im Übrigen konnte nicht einmal Robinson Crusoe, den es fernab von der Zivilisation auf eine einsame Insel verschlagen hatte, aus der Zeit aussteigen: In der Erzählung Defoes ist Robinson schon zehn oder zwölf Tage nach der Landung auf seiner Insel in der Situation, dass er sich wieder nach zeitlicher Kontrolle sehnt. Sein größtes Problem ist, dass er aus Mangel an Papier, Federn und Tinte den Lauf der Zeit nicht mehr berechnen könnte, wenn er nicht ein „Auskunftsmittel fände, die Sonntage von den Werktagen zu unterscheiden". Daher schnitzt er Kerben in einen Pfosten, größere und kleinere Einschnitte. In seinen Worten: „auf diese Weise legte ich einen Kalender an, welcher Wochen und Monate und Jahre genau anzeigte." Wir leben also immer in einem zeitlichen Rahmen. Der unsere ist heute durch eine Geschwindigkeit bestimmt, die sich Defoe im 19. Jahrhundert noch nicht vorstellen konnte.

Auszusteigen aus der Geschwindigkeit unserer Welt ist eine romantische Idee, vielleicht auch eine Art Utopie – wie Platons Idee vom Staat. Wenn Platons Staatsvorstellung Wirklichkeit würde, wäre es keine „kritische Idee" mehr, die sie im Verständnis des Autors ja ist.

Natürlich hat die Kritik am hektischen Tempo unserer Welt ihre Berechtigung. Aber sie ist nicht in dem Sinn zu verwirklichen, dass man die Welt anhält und dass dann plötzlich alles ganz langsam geht. Wenn ich so langsam lebe, wie der Held in Sten Nadolnys Roman „Die Entdeckung der Langsamkeit" das propagiert, dann würde nicht nur die Wirtschaft, dann würde gar nichts mehr funktionieren. Dann hätte der Autor am Schluss nicht mal mehr das Geld, um ein Buch über die Entdeckung der Langsamkeit zu schreiben.

Aber ich würde auch nicht so weit gehen, zu sagen, die ständige Steigerung der Geschwindigkeit sei ein Naturgesetz: Wir stoßen an unsere naturgegebenen Grenzen. Es gibt die oft zitierte Geschichte von den Gazellen und den Löwen in Afrika: Jeden Morgen wachen in Afrika Gazellen auf. Sie wissen, dass sie schneller laufen müssen als die schnellsten Löwen. Sonst werden sie gefressen. Und jeden Morgen wachen in Afrika Löwen auf. Sie wissen, sie müssen schneller sein als die langsamsten Gazellen, sonst werden sie verhungern. Letztlich ist es egal, ob du Löwe oder Gazelle bis: Wenn die Sonne aufgeht, musst du rennen. Beide werden sich anstrengen, aber sie tun dies im Rahmen einer durch ihre Natur vorgebenen Grenze.

Nicht nur, dass der Mensch kein Tier ist …

Das Grimmsche Märchen vom Hasen und vom Igel – in dem der schnelle Hase sich in 74 Wettrennen immer wieder total verausgabt und am Ende tot umfällt – ist uns eher ein

Lehrstück: Es zeigt, dass es darum geht, mit Herausforderungen intelligent umzugehen.

Allerdings: auch wir Menschen sind eingebunden in das Lebensgesetz der Natur. In der permanenten Beschleunigung, die unsere Welt im Moment bestimmt, besteht die Gefahr, dass wir das vergessen. Es ist ja längst nicht mehr die Natur, die unsere Zeitordnung mit ihrem Rhythmus der Jahreszeiten und dem klaren Wechsel von Tag und Nacht bestimmt. Es gibt aber einen inneren Rhythmus oder inneren Zeitlauf, einen universalen Zusammenhang, der zur Natur des Menschen gehört und in den er eingebunden ist. Wer sich in diesen Rhythmus hineinbegibt, kann zu großer innerer Ruhe gelangen. Wer ihm nachspürt, wird viel für seine eigene Lebensgestaltung lernen: Zeiten des Wachsens, der Entfaltung, der Ernte und der Ruhe entsprechen dem Lebensmuster des Menschen.

Dieser innere Zeitlauf, der uns an das Gesetz der Natur bindet, ist natürlich nicht starr zu verstehen. Die Menschen im 19. Jahrhundert sind alle nicht so alt geworden wie wir heute. Inzwischen haben sich die Hygiene und die Medizin weiterentwickelt, dadurch wurde Krankheit zurückgedrängt und ein gesünderes Leben ermöglicht. Trotzdem kann man heute schon sagen, dass mehr als 120 Jahre Lebenszeit für uns Menschen nicht möglich sind. Es gibt Grenzen. Und die Grenze des Todes ist für uns nicht aufzuheben.

Zur Zeit Benedikts war die ganze Gesellschaft eingebettet in den fraglos akzeptierten Naturrhythmus. Die Menschen haben diesem natürlichen Rhythmus auch eine sakrale Bedeutung gegeben. Man denke nur an die kultische Bedeutung des Sonnenrhythmus – die Menschen von Stonehenge wussten: am 21. Juni wird die Sonne durch das monumentale Tor kommen. Die einfachen Naturvölker haben in ihrer Erfahrung den Ablauf der Zeit in sinnlich erfahrbarer Weise rhythmisch geordnet. Der Naturmensch erfährt in der Umdrehung der Erde um die Sonne die Wiederkehr von Zeitläuften in gleicher Weise, also rhythmisch. Rhythmus ist etwas Lebendiges. Er wurde auch immer schon als etwas Schöpferisches angesehen. Als geschaffener und vorgegebener Kreislauf einerseits, und als ein schöpferischer Prozess andererseits: Im Frühjahr wird die Natur wieder schöpferisch. Sie ruht sich dann sozusagen über den Winter aus, um neue Kraft zu schöpfen.

Eine romantische Sehnsucht nach der langsamen Welt, die einfach nur die Gegenwart der Industriegesellschaft negiert, ist nicht gleichzusetzen mit der elementaren Sehnsucht nach dieser naturgegebenen Ruhe, nach diesem kosmischen Rhythmus.

Auf der anderen Seite ist klar, dass die Industrialisierungswalze auch die natürlichen Vorgegebenheiten unseres Lebens einfach nicht mehr zulässt. Nehmen wir nur den Versuch der deutschen Industrie, die Feiertage abzuschaffen. Wenn Zeit nur noch Geld ist, also ausschließlich auf den rein ökonomischen Aspekt reduziert wird, gibt es keine unterschiedlichen Zeitqualitäten, keinen Rhythmus mehr. Das Argument der Industrie ist: Wir schaffen den Rhythmus ja nicht ab, aber wir wollen an Sonn- und Feiertagen arbeiten, wir halten uns an den Rhythmus der Maschine, damit die Kapazität ausgelastet ist, weil das Ausschalten und das Wiedereinschalten so teuer ist. Maschinen kennen aber nur den mechanischen Takt, keinen natürlichen Rhythmus.

Permanente Auslastung erhöht die Rentabilität der Maschinen. Unsere Druckmaschine in St. Ottilien läuft sonntags nicht. Wir hatten früher nur eine Arbeitsschicht, jetzt haben wir zwei.

Wenn wir die Nacht noch durcharbeiten würden, hätten wir drei Arbeitsschichten. Das wäre rentabler. Trotzdem machen wir es nicht – wegen der Menschen. Andere Unternehmen arbeiten nachts durch. Ich weiß nicht, wie es sich auf Dauer auf die menschliche Gesundheit auswirkt, wenn wir uns dem Diktat der Maschine auf diese Weise unterwerfen. Man braucht ja Zeit, um sich zu regenerieren, nicht anders als beim Jetlag.

Regeneration ist das Gegenteil von ständigem Druck. Es gibt eine neue Studie: Doping im Job. Demnach nehmen immer mehr „Leistungsträger" Drogen, legale wie Ritalin und illegale wie Kokain, um schneller, besser, erfolgreicher zu sein. Sie verleugnen ihre eigenen Grenzen und nehmen in Kauf, dass dies auf Dauer zu Burnout und gesundheitlichem Zusammenbruch führen kann.

Die Industriegesellschaft möchte sich, zugespitzt gesagt, aus dem Rhythmus oder aus der Zeit, eigentlich aus der Natur selbst, ausklinken. Sie möchte selbst die Welt schaffen. Die Welt als Schöpfung anzunehmen gehört nicht zu ihrem Konzept. Schöpfung bedeutet: Ehrfurcht. Und das heißt: Ich respektiere das, was mir vorgegeben ist. Die Industriegesellschaft macht alles so, wie sie es für rentabel hält. Rentabilität ist der wichtigste Wert.

Wenn wir aber aus der Industriegesellschaft nicht aussteigen können, was ist dann die Konsequenz?

Kürzlich las ich einen Bericht über eine chinesische Philosophenschule. Der Name der Schule heißt, übersetzt: „Sich ein wenig Zeit nehmen". Das hat aber, so erläuterte es der Bericht, im Chinesischen auch noch eine andere Bedeutung: „Verantwortung übernehmen".

Dieser Zusammenhang scheint mir auch für unsere aktuelle Situation wichtig: Wir brauchen mehr Zeit. Das wiederum ist die Voraussetzung dafür, dass wir Verantwortung sehen und wahrnehmen können.

Zum einen brauchen wir die Besinnung: „Was ist Sinn und Ziel des Ganzen? Wohin steuert unsere Gesellschaft? Was sind ihre Werte?"

Und dann brauchen wir Menschen, die Verantwortung übernehmen können und in der Lage sind, erkannte Fehlentwicklung zu korrigieren und wieder in den Griff zu bekommen.

Die Industriegesellschaft ist gewinnorientiert und sieht alles unter dem Gedanken der Machbarkeit. Die Versuchung des Menschen ist, seine Fähigkeiten auszuloten bis zum „Geht-nicht-mehr". Das hat zu technischen Wunderwerken geführt. Wenn die moralische Basis fehlt, kann es aber auch unkalkulierbare Probleme bringen.

Wo bleibt da die Rettung?

Ich glaube, die Rettung ergibt sich aus der Tatsache, dass der Mensch nicht nur als Individuum geschaffen ist, sondern auch als Teil der Gemeinschaft. Allein kann er sich nicht kontrollieren. Wohl aber in der Gemeinschaft, in der man sich gegenseitig unter Kontrolle behält – und zwar nicht negativ verstanden im Sinne einer organisierten Überwachungs- und Misstrauensgesellschaft, sondern im Sinn der Solidarität. Wir müssen uns gegenseitig stützen.

Allein auf mich gestellt, versuchbar und anfällig, alles auszuprobieren, ist die Verlockung des Bösen stark. Die Drogenszene beispielsweise ist gefährlich für Menschen, die keinen Beistand haben. Mancher wäre verloren, wenn er allein in einem solchen Umfeld wäre. Wer eine Freundin hat, die sagt: „Lass die Finger davon!", der wird die Finger davonlassen, was er sonst vielleicht nicht täte. Dasselbe gilt auch für die Gesellschaft. Verantwortung heißt, sich Zeit zu nehmen, innehalten, die Prozesse beobachten, sich selber beobachten, auf Distanz gehen, andere hören und miteinander Entwicklungen reflektieren.

Reflexion kostet Zeit und Zeit ist Geld. Aber sie aufzubringen spart möglicherweise auch viel Geld. Wir kommen nicht um die Ökonomie herum. Vor Kurzem war zu lesen, wie viele Billiarden die Ökokatastrophe die Menschheit noch kosten wird und wie teuer es wäre, die Schäden, die durch unreflektiertes Weiterproduzieren entstehen, wieder auszugleichen. Das heißt also: Es ist sogar unter dem ökonomischen Aspekt sinnvoll, sich die Zeit zur Reflexion zu nehmen.

Spätestens bei der weltweiten Finanzkrise nach dem Platzen der Spekulationsblasen mit virtuellen Produkten ist klar geworden: Nur ein humanes, an Werten ausgerichtetes wirtschaftliches Handeln wird auf lange Sicht erfolgreich sein. Die Zeit, die ich aufwende für Nachdenken und Überprüfung, also für Reflexion, ist keine vergeudete Zeit. Ich vermindere nicht nur Risiken, ich spare sogar noch, weil ich teure Redundanzen weglassen kann. Wer Arzneimittel ausprobieren will, nimmt vielleicht zehn Proben und wer um eine Kommastelle genauer sein will, der braucht statistisch gesehen hundert Proben. Sicher ist aber auch hier: Die Zeit, die man für die exaktere Prüfung und die Reflexion aufwendet, erspart Irrwege. Es ist allerdings auch eine Frage der Kosten-Nutzen-Rechnung.

Wenn man den falschen Weg einschlägt, verirrt man sich umso mehr je schneller man geht, sagt Diderot.

Und auch ein Sprichwort sagt es: Was hilft Laufen, wenn man nicht auf dem richtigen Weg ist?

5 Geschwindigkeit
und Tempo des Lebens

Jemand hat vor einiger Zeit ausgerechnet, wie lange ein normaler Mensch in Deutschland unterwegs ist, in der S-Bahn, mit dem Zug, mit der U-Bahn, mit dem Auto. Wenn jemand 70 Jahre alt wird, dann verbringt er, hieß es da, mehr als vier Jahre im Zustand des Unterwegsseins. Und wenn man es zusammenzählt, dann ist es ein ganzes Jahrzehnt, das der Mobilität gehört. Bei mir wäre es wohl wesentlich mehr.

Ich werde oft gefragt, wie es bei einem solchen Leben mit der benediktinischen Stabilitas loci steht. Aber stabilitas bedeutet nicht Immobilität, sondern Verortung, Verankerung, aus der heraus mit der Zeit die innere Stabilität wächst. Auf diese innere Erdung kommt es an.

Flexibilität ist ja zunächst einmal nichts Negatives. Flexibel kann ich aber nur von einer festen Warte aus sein. Sonst verliere ich mich. Auch ein noch so flexibler Arbeitnehmer braucht Zeiten und Orte des Rückzugs in eine feste Umgebung. Mir geben die Gebundenheit an eine feste Gemeinschaft und einen bestimmten Rhythmus Halt in all meiner berufsbedingten Unruhe.

Der Körper braucht seine Relaxationsphasen, sagt die Biologie zu Recht. Es braucht meistens eine gewisse Zeit, bis der Körper und auch der Geist nach einer sehr anstrengenden Phase wieder zur Ruhe kommen.

42

Auch wenn die verschiedenen Anforderungen auf uns einprasseln – es gibt eine Möglichkeit, diese Ansprüche aufzufangen. Es gilt auch hier wieder: *Präsenz.*

Bei meinen Flügen um den Globus erlebe ich manchmal den Sommer vor dem Winter. Und dann kommt mir plötzlich Frühjahr dazwischen. Wenn ich nach Südafrika fliege, komme ich in eine ganz andere Klimazone und erlebe, wenn ich aus dem Sommer zurückkomme, den Winter. Oder ich lande aus dem Frühjahr im Herbst. Es hat Jahre gegeben, in denen ich keinen Frühling erlebt habe. Vor allem die Maiblüte in St. Ottilien, wo wir wunderschöne Apfelbäume haben, die im Frühjahr alle in voller Blütenpracht stehen, habe ich vermisst. Manchmal waren sie, als ich wegfuhr, noch nicht aufgeblüht und als ich zurückkam, waren sie schon verblüht. Natürlich fehlt mir da etwas und natürlich ist diese Zeitverschiebung auch störend. Aber ich stelle mich leicht um. Es ist, als ob ich in ein anderes Zimmer gehen würde. Ich spüre kaum, dass eine andere Zeitzone dazwischen liegt. Ich bin inzwischen da und dort einfach „zu Hause". Ich spüre diese Zeitverschiebungen gar nicht mehr, im Unterschied zu vielen, die sich in einer solchen Situation mühsam und lange akklimatisieren müssen. Ich komme hin und bin zu Hause. *Ich bin da* – und schon mitten am Arbeiten, als ob nichts wäre. Und die Turbulenzen sind gar nicht so schlimm, weil sie zu rasch aufeinanderfolgen. Ich habe gar keine Zeit, Turbulenzen als Turbulenzen zu erleben. Auch das hat mit Präsenz zu tun: Sich sofort irgendwo einzufinden und *da* sein – wie bei der Zen-Meditation.

Um Balance zu halten, muss man sich immer wieder verankern. Ich brauche als Anker, dass ich ab und zu in meinen eigenen vier Wänden bin. Zwischendurch tut es einfach gut, im eigenen Bett zu schlafen oder wieder einmal am Schreibtisch zu sein und notwendige Dinge zu erledigen. Wenn ich kurz zu Hause war, dann kann ich auch wieder losgehen. Und wenn ich unterwegs bin, versuche ich, bei den Menschen mit den Menschen zu sein. Ich bin da. Ich gehe auf die Menschen zu, ich freue mich an ihrer Freude, wenn sie mir alles zeigen. Und auch wenn es dann unruhig wird, wenn sie mir alles zeigen und mich herumschleppen: Das ist einfach auch schön. Die Liebe der Menschen kann einen mitunter fast umbringen. Aber sie ist auch ein Halt und eine Verankerung.

Natürlich nehme ich meine Zeitkultur mit, wenn ich unterwegs bin. Die Afrikaner zum Beispiel können nicht hetzen. Ein afrikanisches Sprichwort sagt: Als Gott die Welt erschaffen hat, hat er den Europäern die Uhr geschenkt und uns die Zeit. Da herrscht schon eher die Mentalität vor, komm ich heute nicht, komme ich morgen. Ich gehöre zu einer Kultur, der Gott nun einmal die Uhr geschenkt hat, und wenn ich dann auf Leute stoße, denen er nicht die Uhr, sondern nur die Zeit gegeben hat, dann bin ich schon meist derjenige der sagt: „Komm, machen wir mal ein bisschen schneller".

Man kommt nicht aus der gewohnten Zeitkultur heraus. Wenn ich als Erzabt von St. Ottilien nach Afrika flog – und das waren zwei bis drei Male im Jahr –, dann nahm ich also einfach mehr Zeit mit. Ich plane bei einem Afrikabesuch bis zu vierzehn Tage Zeit ein, dann „läuft" sonst einfach nichts dazwischen. Das heißt, ich stelle mich schon auf den anderen ein. Ich bin auch in dieser Hinsicht ganz *da*. In einer solchen Situation schaue ich auch nicht ständig auf die Uhr. Sonst werde ich verrückt und mache die anderen nervös.

Klar: Das Tempo der Welt und unseres Lebens wird immer schneller. Man kann dem überhaupt nicht entgehen. Das Allerwichtigste aber: Ich muss wissen, wer ich bin und was ich will. Es geht nicht um die Alternative: entweder langsam oder schnell. Ich muss wissen, was wann gefordert ist. Ein

Läufer muss rennen, wenn er gewinnen will. Aber man kann nicht immerzu rennen. Wer über das Tempo der Welt immer nur klagt, der sollte sich auch einmal fragen: Wer treibt mich denn, wenn nicht im Grunde ich mich selbst? Oder könnte es sein, dass ich anderen gestatte, mich treiben zu lassen? Eine gute Hilfe kann es dann sein, sich selbst Prioritäten festzusetzen.

In Asien gibt es das Sprichwort: Wenn man schnell ans Ziel kommen will, muss man auch einen Umweg machen können. Tempo ist relativ. Man muss nicht immer auf dem schnellsten Weg gehen, entscheidend ist, den richtigen Weg zu gehen.

Langsamkeit gegenüber der Schnelligkeit generell zu favorisieren, das ist Romantizismus. Es gibt Dinge, die eilen einfach. Der Blitz wird nicht in Gemütlichkeit vom Himmel oben herunterfahren, sondern der schlägt runter, weil das seine Natur ist – blitzartig.

Tempo hat ja ursprünglich nur die Bedeutung von Zeitmaß, es heißt nicht: Schnelligkeit. Wenn wir jemanden fragen: Mit welchem Tempo fährst du?, hat das nichts mit Rasanz zu tun. Es gibt da merkwürdige Verschiebungen in unserer Sprache. Wenn ich immer wieder sehe, dass „Raser" stärker bestraft werden, was heißt das denn? Nicht nur, dass die Straßenverkehrsordnung die Rolle des strafenden Gottes übernimmt. Sondern auch, dass jemand, der mit 53 fährt, statt mit 50, plötzlich ein „Raser" ist!

Tempo heißt eigentlich nur: Zeit, nicht Geschwindigkeit. Es gibt schnelle und es gibt langsame Tempi. Die Natur des Menschen ist auch hier nicht in allem festgefügt: Mit 68 rennt man nicht mehr so schnell wie ein 16-Jähriger. Man hat aber vielleicht andere Vorzüge. Und es gibt einfach Situationen, wo etwas eilt. Wenn ich einen Zug noch erreichen will, muss ich unter Umständen rennen. Und wenn ich mit einer Arbeit in Verzug komme, dann muss ich das am Ende wieder aufholen und gegebenenfalls das Tempo beschleunigen.

Was „geschwind" und was „langsam" ist, hing immer schon von den Zeitumständen ab. Mozart zum Beispiel wurde in unterschiedlichen Epochen schneller oder langsamer gespielt, je nach Zeitempfinden. Beethoven hat für seine Eroica, die er bei der Uraufführung im Jahr 1804 dirigiert hat, 60 Minuten gebraucht. Leonard Bernstein hat sie später in Wien auf 53 Minuten und 20 Sekunden beschleunigt und war nochmals vier Minuten schneller, als er sie in New York dirigiert hat. 1987 hat Michael Gielen nur noch 43 Minuten dafür gebraucht. Man kann natürlich fragen: Haben wir nicht einmal mehr eine Stunde Zeit?

Aber jeder Interpret ist ein neuer Gestalter, ein neuer Künstler, ein neuer Tempogeber. Objektivität gibt es in diesem Zusammenhang gar nicht. Wie im Leben.

Alles hat seine Zeit. Alles hat sein Tempo. Unser eigenes Leben ist da nicht anders. Nicht immer ist das Gleiche gefragt. Wir sollten verschiedene Tempi im Musikstück unseres eigenen Lebens spielen können. Es gibt, nicht nur in der Musik, sondern auch in unserem Leben, einen Reichtum an Möglichkeiten: Andante, Presto, Allegro. Zeiten der heiteren Ruhe und des gelassenen Ausruhens. Und Zeiten des Prestissimo.

Schnelligkeit allein macht's nicht aus. Das Beispiel vom Igel und vom Hasen zeigt, dass nicht unbedingt der Schnelle gewinnt, sondern der, der seine Möglichkeiten richtig einsetzt. Wenn ich selber etwas schreibe, merke ich, dass ich nicht ewig an einem Stück arbeiten kann. Wichtig ist, innezuhalten. Wenn ich dann auf Distanz gehe, kann ich einen Text wieder anders sehen, kann wieder anders schreiben. Unser Gehirn braucht diesen Abstand, um kreativ zu sein. So ist es mit unserem Gehirn und mit vielem mehr in unserem Leben.

Langsamkeit allein macht es auch nicht. Ich habe vor einiger Zeit ein gut gemeintes Gebet gelesen. Beim Katholikentag in Osnabrück war es sogar im offiziellen Heft abgedruckt. Eine romantisierende Verherrlichung des Verweilens und der Langsamkeit, in der Art: „Lass mich langsamer gehen, Herr. Lass meine hastigen Schritte stetiger werden. Löse die Spannung meiner Nerven und Muskeln durch die sanfte Musik der singenden Wasser. Lass mich langsamer gehen, um eine Blume zu sehen, ein paar Worte mit einem Freund zu wechseln, einen Hund zu streicheln, ein paar Zeilen in einem Buch zu lesen."

So gut das gemeint war und so idyllisch die Situationen sind, die dieser poetisch-meditative Text beschwört – als ich es las, war meine spontane Reaktion: „Nein. Herr, lass mich gar nichts. Das ist nicht meine Erfahrung."

Meine Erfahrung ist: Wenn ich mit jemandem unterwegs war, und wenn es dann pressiert hat, auf einen Zug etwa beim Umsteigen, dann war das trotzdem keine unangenehme Erfahrung, wenn man zu zweit war. Denn dann vergisst man auch die Zeit und leidet auch nicht unter ihrem Druck. In jedem Fall wäre mein persönliches Gebet anders:

„Herr, lass mich offen sein für jeden, der mir begegnet. Geh oder lauf mit mir und lass mich die Zeit vergessen, während wir miteinander sind."

Auch wenn's schnell gehen muss und die Zeit drängt – Gott soll mit mir laufen. Wenn Er mit mir ist, werde ich die Zeit vergessen. Und ihr Druck wird mir nichts anhaben.

6 *Den Druck herausnehmen*

Stress ist nicht immer nur von außen bedingt. Wir setzen uns selber viel zu sehr unter Druck. Nach dem Tod meines Vaters habe ich, so gut es ging, meine Mutter besucht. Die Zeit war meistens knapp bemessen. Ich musste mir solche Besuche immer aus einem vollen Terminkalender herausschneiden. Aber es war wichtig für mich, bei ihr zu sein, auch wenn es nie sehr lange sein konnte. Und auch für meine Mutter war diese Zeit kostbar und wichtig. Sie war glücklich, wenn ich endlich einmal wieder zu Hause war. Sie hat sich dann übernommen mit Vorbereitungen und richtig aufgekocht. Und sie war eine sehr gute Köchin. Da wurde aber auch an der Uhr abgemessen, wie lange ich Zeit hatte. Dann habe ich ihr immer wieder gesagt: „Du, Mutti, jetzt komm einmal endlich an den Tisch. Ich möchte doch auch mal mit dir *reden.*"

Druck herausnehmen – ich habe immer versucht, ihr klarzumachen, wie gut das tut, ihr und mir. Ich habe ihr gesagt: „Jetzt bin ich eine Stunde da und du hängst seitdem nur draußen in der Küche, und hinterher schimpfst du, dass ich wieder nur viel zu kurz da war." Die Liebe geht nicht nur durch den Magen. Sie braucht auch Zeit – Zeit füreinander.

Druck loslassen – das gilt also nicht nur für Kinder. Pressieren hängt auch mit Pression zusammen. Wir brauchen andere Zeiterfahrungen. Kohelet gilt auch für den Alltag: Alles hat seine Zeit. Es gibt Zeiten des Drucks. Da müssen wir sehen, dass wir alles hinbekommen und dass die Vorbereitungen zum rechten Zeitpunkt erledigt sind. Und es gibt Zeiten, in denen wir abspülen müssen, es hilft alles nichts, sonst bleibt das Geschirr schmutzig. Aber dann muss wieder eine Ruhe sein. Dann muss ich wieder Zeit haben für anderes. Und dazwischen muss ich auch Zeit haben, das Essen zu genießen oder einfach nur miteinander da zu sein und dieses Beisammensein zu genießen. Die Beine hochzulegen und wieder einmal durch die Gegend schauen, diese Muße müssen auch Erwachsene aufbringen. Gerade für Menschen, die im Stress sind, ist das wichtig. Nur so kann ich zu mir selbst kommen. Und nur, wenn ich zu mir komme, kommen mir auch wieder neue Ideen.

Ich habe kürzlich bei einem Besuch in München noch einen Abend drangehängt, um noch Querflöte zu spielen; zwei Stunden Übungszeit für ein Konzert mit einer Flötistin. Und dann sagt sie: „Aber gell, du bleibst schon noch zum Mittagessen, und was darf's sein, was Bayerisches? Sauerbraten oder Lüngerl?" Es folgte eine ganze Liste mit Vorschlägen. Ich habe mich gefreut. Und gestaunt: Es gibt eben nicht nur das Machen, Planen und zweckgerichtetes Tun. Zwischendurch brauchen vor allem wir Männer immer wieder den Hinweis: Es gibt auch andere Werte, die mindestens genauso wichtig sind. Auch dafür muss Zeit sein. Und wenn ich jetzt nicht Ja gesagt hätte, die Freude auch am gemeinsamen Musizieren wäre nur halb so groß gewesen. Und ich kann das dann auch genießen und alles, was vielleicht noch im Hintergrund drängt und wartet, für diese Zeit völlig ausblenden und abschalten.

Alles zu seiner Zeit: Das ist also ist nicht nur eine Frage der Schnelligkeit oder der Langsamkeit, sondern einfach auch die Frage des Zurücknehmens von Druck, auch des Zeitdrucks. Es ist die Befreiung der Zeit vom bloßen Nutzen- und Zweckdenken. Einfach da zu sein, das kann genügen.

Bestimmte Dinge kann man per se einfach nicht unter Druck machen, und schon gar nicht unter Zeitdruck.

Versuchen Sie es einmal mit „schnell meditieren". Eine absurde Vorstellung.

Oder: Kann man Wein etwa schnell trinken? Nein. Eine schreckliche Vorstellung. Wein muss man langsam trinken, man muss ihn kosten, ihn auf der Zunge zergehen lassen, seine Geschmacksnuancen wahrnehmen, seiner Reifung nachspüren, wenn man ihn genießen will. Wein kann nur ein Alkoholiker schnell trinken. Er schüttet dann aber auch alle Wahrnehmung zu.

Auch beim Lesen: Wenn man richtig in ein Buch versinkt, dann möchte man nicht schnell durch sein, sondern sinkt in einen Text und damit in eine andere Welt so ein, dass die Zeit keine Rolle mehr spielt. Natürlich gibt es zweierlei Arten des Lesens: das rasche kursorische Überfliegen eines sachlichen Textes, das sich zweckgerichtet möglichst schnell über den Inhalt orientieren will. Es ist aber etwas anderes, ob man ein Sachbuch liest oder ob man in einer literarisch gestalteten Geschichte versinkt und sich in die kunstvolle und komplexe Sprache eines Romans vertieft. Es gibt nichts Schöneres, als in einen Text einzusinken und die Form und Schönheit eines Gedichts zu genießen oder zu meditieren. Auch ein Gedicht kann ich nicht nur mal schnell überfliegen. Ich muss es verkosten. Jedes einzelne Wort will wahrgenommen und „geschmeckt" werden. Nur dann werde ich die Schönheit eines lyrischen Textes entdecken.

Und dann gibt es ja das biblische Lesen, die „lectio divina". Das ist etwas anders als die Lesung eines geistlichen Textes. Lectio divina meint das Wiederkäuen – die „ruminatio" – des Textes, wie es die alten Mönche genannt haben. Und das ist ein ganz anderes Lesen. Wenn ich die Psalmen bete, weiß ich schon längst, was drinsteht, aber ich möchte noch tiefer in den Text hineinkommen und ihn – von dem Text selber in meiner Seele erfasst – wiederholen. Jemand hat die Psalmen mit den Gezeiten des Meeres verglichen. Im Lesen dieser uralten Texte auf den ewigen Atem Gottes zu hören, der niemals aufhört – das ist eine ganz andere Art des Sich-Einlassens auf einen Text, als wenn ich daraus nur eine Information abrufen will. Wer eine Information abruft, der öffnet kurz eine Tür und schließt sie sofort wieder. Wer sich auf den Text einlässt wie die „lectio divina" es vorsieht, der öffnet nicht nur eine Tür, er tritt auch in einen anderen Raum ein, seine Seele weitet sich und nimmt am Leben, am Atmen dieses Geistes teil, auf den er sich einlässt.

Wer unter Druck steht, der will ein ganz konkretes Ziel erreichen, er ist in eine bestimmte Richtung gedrängt und geschoben. Er ist nicht in der Gegenwart. Auch wenn man sich einem Menschen zuwendet, geht das nicht in Hektik. Man kann jemanden auch nicht schnell streicheln. Wenn jemand auf die absurde Idee käme, eine Frau schnell zu streicheln, ihr würden sich doch die Haare sträuben. Zärtlichkeit und Zuwendung sind etwas, das man sich gegenseitig schenkt.

Und das braucht Zeit und Ruhe. Nur wer eine solche Ruhe auch ausstrahlt, ist eine Wohltat für andere.

Wenn jemand zu mir in den Raum reinkommt zum Gespräch und mich Pfeife rauchen sieht, ist die Stimmung sofort anders. Man weiß, der Mann hat Zeit. Eine Pfeife ist für mich etwas anderes als eine Zigarette. Man zieht nicht, wie mancher Zigarettenraucher, süchtig an dem Stängel, sondern man begibt sich in einen anderen „Zeitzustand". Man schaut ja auch dem Rauch nach, und allem wohnt eine größere Gelassenheit inne. Das hat für mich einfach auch etwas von Gemütlichkeit. Und auch die ist ein Zeitfaktor. Das ist auch so etwas wie Notwehr gegen den Druck. Ich möchte damit keine

Werbung fürs Pfeifenrauchen machen. Andere Leute werden sich andere Methoden oder Schwächen zulegen.

Und bei Druck hilft nur wieder eins: sich bewusst Zeit nehmen, sich Zeit lassen. Das totale Bedrängtwerden abwehren.

Schenken wir uns also die Unterbrechung.
Gönnen wir uns die Ruhe zwischendrin.

Wie gesagt: Alles hat seine Zeit …

7 *Aus der Pause kommt die Kraft*

Als ich in den 70er Jahren in Rom Philosophie dozierte, habe ich auch mit einer Gruppe von jungen Musikern Bekanntschaft gemacht, der „Nuova Consónanza", die sich jede Woche in irgendwelchen Sälen oder Kellerräumen zu Aufführungen ihrer Werke getroffen hat. Anschließend saßen wir immer noch lange beim Essen zusammen und haben bis tief in die Nacht diskutiert.

Diese Künstler waren ihrerseits fasziniert vom freien Tempo und der freien Expression des Gregorianischen Chorals. Sie kamen dann jeweils an den Sonntagen zu mir nach Sant' Anselmo ins Choralamt – ich war damals Magister und habe den Choral nach den mittelalterlichen Neumen und Rhythmen interpretiert, die total frei und ganz vom Text her geprägt sind. Das und natürlich generell die religiöse Dichte klösterlicher Liturgie hat diese jungen Künstler stark beeindruckt.

Damals habe ich auch John Cage kennengelernt. John Cage ist ein vom Zen inspirierter Musiker und eine legendäre Schlüsselfigur der musikalischen Avantgarde. Es gibt ein berühmtes Stück von ihm, ein Klavierstück. Es heißt „4'33". Die erste Aufführung, 1952, war ein Skandal. Das Stück besteht aus vier Minuten und 33 Sekunden, in denen nichts gespielt wird. Es kommt ein Pianist aufs Podium, setzt sich hin und macht nur eine lange Pause. Man hört nur die Stille. Das ist, ins Extrem getrieben und mit Elementen eines Happening ausgedrückt, die Kritik an der pausenlosen und pausenlos lärmenden Gesellschaft, in der ständig etwas zu passieren hat.

Viele erleben die verschiedenen Zeiten eines Tages gar nicht mehr, wenn sie permanent richtig durchpowern, atemlos und ohne Pause, vielleicht mal zwanzig Minuten zu Mittag essen, und dann am Abend völlig kaputt nach Hause kommen und nur noch zusammenfallen. Alles hat seine Zeit, die verschiedenen Qualitäten von Zeit gilt es wahrzunehmen und zu leben. Sie lassen sich nicht gleichschalten.

Pausen sind etwas Lebendiges. Sie gehören zum Leben, sie beleben, indem sie Verdichtungen auflösen und Luft zum Atmen geben. Den Tag mit Pausen zu gliedern – Handwerker können das. „Z'nüne" heißt es in Baden und in der Schweiz. Um neun Uhr ist die erste Pause am Vormittag. „Brotzeit", sagt man dazu in Bayern. Das entspricht übrigens im Stundengebet der Mönche der Stunde der Terz. Das ist unsere Stunde des Innehaltens. Und am Nachmittag „z'viere" gibt es wieder eine Pause – das ist die zehnte Stunde im Zeitmaß der Mönche. Ich habe immer unsere Handwerker, aber auch die Mitarbeiter in der Landwirtschaft, darum beneidet, dass sie noch eine gesunde Pause machen können und damit auch leistungsfähig bleiben. Wer geistig arbeitet, meint, einen Vormittag über durcharbeiten zu können. Selbst in einem Großbetrieb haben es die Arbeiter und Angestellten oft noch besser, weil dort die Gewerkschaften dafür Sorge tragen, dass es geregelte Pausenzeiten gibt.

Es gibt das schnelle Tempo, das langsame Tempo und das Innehalten. Innehalten und Pausieren ist aber nicht das Gegenteil von Geschwindigkeit und auch nicht das Gegenteil von schnell. In der Pause geht es nicht darum, die Geschwindigkeit zu bremsen, sondern darum, zurückzufahren oder einfach nur darum, langsam zu sein. Die Pause ist das lebendige Bindeglied – der Freiraum – zwischen den verschiedenen Geschwindigkeiten und zwischen den Aktivitäten. Sie ist nicht Nichts oder Nichtstun, sie ist etwas Eigenes und gehört doch zum Rhythmus des Lebens dazu.

Wer innehält, kann intensiver wahrnehmen, genauer sehen, besser hinhören. Bestes Beispiel: Kinder, die bei einem Spaziergang oder einer Wanderung mit ihren Eltern auf einmal zurückbleiben. Die Kinder haben Dinge am Weg entdeckt – seien es Ameisen oder Käfer, die wir gar nicht wahrgenommen haben, weil wir zu schnell gegangen sind. Wenn Dinge zu schnell an mir vorbeiflitzen, dann sehe ich sie gar nicht ...

Pausen geben zudem Struktur und ordnen die Zeit. In der Musik wird das deutlich: Pause, das ist kein „Nicht-weiter-Spielen". Eine Pause strukturiert ein Stück und gibt ihm Form. Natürlich hat man in der Musik auch seinen Takt. Ich bin immer noch sehr fasziniert von der freien Rhythmik, wie sie in der Gregorianik üblich ist. Auch in der freieren Musik gibt es Pausen. Es gibt einen Aufgesang und einen Abgesang. Da, wo am meisten improvisiert wird, z. B. im Jazz, existieren dennoch absolut klare Strukturen. Das ist unglaublich. Diese Musiker kennen die ganzen Modalitäten einer einzigen Tonart. Sie spielen ihre acht Modi und auch die verschiedenen Rhythmengruppen. Nur wenn die Musiker diese gut beherrschen, dann können sie miteinander eine Jam-Session machen, kann das Ruf- und Antwortspiel funktionieren, können sie die Melodien entfalten, stimmt die damit gegebene Akkordfolge. Außenstehende meinen manchmal, es sei alles ein einziges Durcheinander. Versteht aber einer etwas davon, dann weiß er, dass trotz Improvisation alles bis zum kleinsten Detail gegliedert ist: Einer gibt das Thema vor, die Solisten geben es sich Hand in Hand weiter, bis sie am Schluss wieder gemeinsam das Thema bringen.

Freiheit braucht Struktur. Und eben das ist das Anstrengende heute. Wir leben so frei und haben keine Struktur mehr. Die Pause ist aber ein Teil unserer natürlichen Struktur.

In der Musik sind Pausen ein gliederndes, aber auch ein echtes schöpferisches Element. Sie bezeichnen nicht nur die Abwesenheit von Musik. Sie haben einen positiven Zweck. Eine musikalische Pause, die einen halben Takt oder einen ganzen Takt dauert, ist eben nicht nur ein Ausbleiben der Musik, sondern sie ist Atmen der Musik.

Im richtigen Leben, im Verlauf eines Tages, ist es nicht anders. Nicht umsonst sprechen wir von schöpferischen Pausen. Wenn wir unsere Tätigkeiten unterbrechen, wenn wir aufatmen, uns erholen, zur Ruhe kommen und die Zeit genießen, die uns ganz zweckfrei zur Verfügung steht, schöpfen wir wieder neue Kraft für unsere Aktivität.

Selbst zum Atmen gehört übrigens die Unterbrechung. Es gibt eine kurze Pause, einen kleinen Moment zwischen Ausatmen und Einatmen. Atmen ist ein Naturgesetz unseres Lebens. Pausieren ist ebenfalls ein natürliches Element unserer Zeitgestaltung. Es nicht zur respektieren hat Konsequenzen.

Man kann es nicht oft genug sagen: Es gibt körperliche, seelische, man könnte auch sagen menschliche Gesetze. Sie sind wie Naturgesetze, auch wenn ihre Wirkung subtiler ist. Man kann sie vielleicht überspielen. Aber letztlich gilt auch für unsere Neigung zur pausenlosen Anstrengung: Wer sich in Gefahr begibt, kommt darin um. Dass wir Pausen brauchen, gehört zu diesen Gesetzen. Wenn wir uns der Pausen berauben, wenn wir keinen normalen Rhythmus mehr kennen, wird es über kurz oder lang kritisch – oder der Körper holt sich seine Pausen durch unkonzentriertes Trödeln.

Ich merke, wenn ich einmal wieder einen Langstrecken-flug hinter mir habe, wie der ganze Körper durcheinander ist, wie sensibel ich reagiere, wie reizbar ich werde, bis hin zu gesteigerter Nervosität. Dagegen hilft allerdings nicht, nichts zu tun. Was mir hilft: Meditieren, Musik üben oder sich auf den Rhythmus der Gemeinschaft einlassen.

Natürlich sind wir Menschen nicht streng determiniert und natürlich können wir die Schranken unserer Natur gelegent-lich durchbrechen, um noch bessere Möglichkeiten zu reali-sieren. Zwischendurch kann man vielleicht die ganze Nacht durcharbeiten. Irgendwann kommt es aber zum Zusammen-bruch, wenn man es zu oft versucht. Man kann auch das Essen einstellen und fasten, aber auch das nur für eine be-stimmte Zeit. Die Grundgegebenheiten des Lebens können wir nicht umgehen. Wenn wir als Menschen überleben wol-len, müssen wir zunächst einmal akzeptieren, dass der Mensch ein Geschöpf Gottes ist.

An den Pausen wird es deutlich: Wenn keine physische oder biologische Stabilität mehr da ist, werden wir zerbrechlicher. Manchmal holt sich der Körper dann sein Recht – und ver-ordnet uns durch eine Krankheit eine Pause.

Man nennt so etwas „Zwangspausen". Solche Zwangs-pausen können sogar nützlich und sinnvoll sein. Man lernt dann gezwungenermaßen, dass Körper und Seele nicht per-manent belastet werden dürfen, weil das dem Menschen nicht gut tut. Denn nur aus der Ruhe kommt die Kraft.

Wie heißt es in der Bibel: „Besser eine Handvoll und Ruhe, als beide Hände voll und Mühe und Haschen nach Luft" (Pred 4,6).

8 *Jeder Augenblick ist heilig*

Mönche beginnen ihren Tag schon sehr früh. In der Regel zwischen fünf und sechs Uhr. Mitglieder streng kontemplativer Orden stehen noch früher auf und singen dann mitten in der Nacht die Vigil. Natürlich kann ein „normaler Mensch" nicht so leben und auch nicht, wie Mitglieder einiger kontemplativer Orden, schon abends um sieben oder halb acht ins Bett gehen.

Aber viele Menschen, die heute „auf Zeit" ins Kloster gehen, um mit den Mönchen zu leben, erfahren besonders die Gestaltung und den Rhythmus der Zeit im Verlauf eines Tages als heilsam.

Benedikt hat im 6. Jahrhundert mit seiner Ordensregel den Tag der Mönche klar strukturiert und jeder Stunde ihre besondere Bedeutung gegeben. Jede Stunde hat ihre Botschaft, ihren Sinn.

Bei Benedikt sind es sieben Horen und die Nachtwache: Siebenmal täglich sollen die Mönche ihre Arbeit für das gemeinsame Chorgebet unterbrechen – gemäß dem alttestamentlichen Psalmwort: „Siebenmal am Tage singe ich dein Lob."

Wenn man den Tag so sieht, wie wir Mönche ihn leben, dann erfährt man ihn als natürliche, schöpfungsgemäße Gegebenheit. Jede Stunde hat dann ihre besondere Qualität. Die verschiedenen „Stunden", lateinisch: Horen, sind keine Zeiteinteilung im Sinne einer Zeitmessung durch die Uhr, sondern sie bezeichnen die heilende Qualität der Zeit, die wir durchleben. Deswegen heißt das „Chorgebet" auch „Stundengebet".

Der vom Gebet bestimmte Rhythmus des Tagesablaufs der Mönche und die über den Tag hinweg geregelten Gebetszeiten machen bis heute den Kern mönchischen Lebens aus. Diesem regulierten Ablauf des Tages liegt also die Vorstellung einer bestimmten Zeitqualität zugrunde. Diese meint: Zeit ist mehr als eine Folge von Terminen und Verpflichtungen, sie ist etwas anderes als die unbarmherzig verrinnende Sanduhr unseres Lebens. Sie ist Schöpfung und Geschenk. Der Kerngedanke dieses Zeitverständnisses ist die Annahme der Schöpfung. Die Schöpfung annehmen heißt: erfahren und bejahen, was uns Gott vorgegeben hat.

Der Rhythmus natürlicher Zeiterfahrung hat lange den Alltag der Menschen bestimmt. Heute heißt es eher: „Alles hat seine Zeit, nur ich hab keine." Gebet und Arbeit, Sonntag und Werktag, Ruhe und Anstrengung, dieser Rhythmus ist aus dem Gleichgewicht geraten. Die Mönche erinnern uns auch in ihrem Tagesablauf an die Weisheit der Bibel: „Alles hat seine Zeit". Und daran, dass alles unter dem Segen Gottes steht.

Die sogenannten Kleinen Horen, die die Arbeit unterbrechen sollen – von der dritten Stunde (ca. 9:00 Uhr), der Terz, zur sechsten Stunde (ca. 12:00 Uhr), der Sext, und zur neunten Stunde (ca. 15:00 Uhr), der Non – werden im Stundengebet vieler Orden heutzutage zu einer einzigen Tageshore zusammengefasst. Die Prim wurde im Zweiten Vaticanum abgeschafft.

Die Morgenhore oder Matutin – das sind die Hymnen der Vigil (der Nachtwache) und der Laudes (das Morgenlob) –

spielt auf die Nachtsituation an oder auf den anbrechenden Morgen: Wir hoffen, wir wachen, wir harren dem Tag entgegen. Die Laudes besingt die aufgehende Sonne, die Morgenröte, und verbindet sich so mit der aufgehenden Sonne: mit der lichter werdenden Natur, aber auch mit der Auferstehung Jesu, die die Dunkelheit des Todes überwindet.

Die Terz besingt den Höhepunkt des Vormittags: Man hält inne in der Arbeit und bittet um den Beistand des Heiligen Geistes.

Die Sext ist die Unterbrechung des Mittags. Der Mittag steht unter der Hitze des Tages. Da heißt es dann in der Mittagshore unter Anspielung auf die Hitze der Sonne: Lass unsere Seele aber nicht so heiß werden und nimm weg von uns allen Streit, „In deiner Nähe, starker Gott, ist Kühlung, Frieden und Geduld."

Und am Abend ist das Tagewerk sozusagen vollbracht. In der Abendhore, der Vesper, bitten wir Gott, er möge auch in der Dunkelheit der Nacht in unserem Herzen leuchten.

Mit dem Abschluss des offiziellen Tages, in der Komplet, als Vorbereitung auf die Nacht, beten wir darum, dass wir in Gott geborgen sein dürfen.

Die Einbindung des ganzen Menschen in die Natur ebenso wie in die Heilsgeschichte, das geschieht gerade durch diese Hymnen.

Es ist natürlich nicht so, dass heute alle Mönche mitten in der Nacht aufstehen. Das war im Übrigen auch früher nicht die gängige Praxis. Diese Idealvorstellungen vom frühen Aufstehen und wenigem Schlaf waren keineswegs allgemein im Mönchtum verbreitet. Die Frage ist, ob das überhaupt typisch monastisch ist: Die Mönche haben im Winter bis „in die Puppen" hinein geschlafen. Auch wenn Benedikt nur sieben Stunden Schlaf vorsieht, waren es im Winter an die neun Stunden. Denn es gab zur römischen Zeit keine genormte

Zeitmessung. Die Stunden der Nacht entsprachen im Dezember rund 75 Minuten unserer heutigen Zeit, im Sommer freilich nur 45 Minuten, so dass die Mönche dann nur auf fünf Stunden Schlaf kamen. Sie gingen bei Einbruch der Dunkelheit zu Bett und standen dann für unsere Verhältnisse doch recht früh auf. Es herrschte aber eine Beständigkeit im Wandel der Jahreszeiten. In den Horen der Mönche wurde der Tag in zwölf Stunden aufgeteilt. Das bedeutet: vom Sonnenaufgang bis zum Sonnenuntergang. Diese Zeitspanne war im Verlauf eines Jahres natürlich flexibel: Im Winter haben die Mönche bis zu neun Stunden geschlafen und im Sommer dann wieder nur fünf. Da haben sie dann auch kräftig gearbeitet.

Die Struktur des monastisch geregelten Tages, von der Laudes bis zur Komplet, ist ausgewogen – nicht nur zwischen Gebet und Arbeit. Es soll nicht nur Zeit für die Lesung sein, sondern auch für die mittägliche Siesta. Benedikt spricht von der Siesta so: Wenn die Mönche während der Mittagspause, also während der Siesta, Psalmen rezitieren wollen dann sollen sie das nicht so laut tun, damit die anderen beim Schlafen nicht gestört werden. Das Wort Liebe, das viele mit so viel Pathos in den Mund nehmen, wird hier ganz einfach verstanden. Es geht dabei auch um Rücksichtnahme im Zusammenleben und um Feinfühligkeit dem anderen gegenüber.

Das Zeitmaß der Mönche hat noch eine ganz andere Qualität: Man wird in gewisser Weise offen und nimmt bestimmte Dinge überhaupt erst wahr. Benedikt hat dem Tag eine Form gegeben. Dieser Gedanke der Ordnung der natürlichen Zeit war ihm sehr wichtig, er hat den Tag ja bis ins Detail durchstrukturiert. Aber Benedikt war kein Kasuist. Ihm ging es um die Sache und nicht um Gesetzlichkeiten. Solche Festschreibungen sind viel später aufgekommen. Wie wenig Benedikt auf rigide Gesetzlichkeit aus war, kann man an einem anderen Beispiel der Regel klar machen, dem Umgang mit Wein. Benedikt sagt da nämlich: Eigentlich ist der Alkohol nichts für Mönche, aber weil sie heutzutage davon nicht mehr zu überzeugen sind, wollen wir ihnen pro Tag eine Hemina, je nach Interpret zwischen einem viertel und einem knappen halben Liter, zugestehen. Wenn es aber heiß sein sollte im Sommer oder wenn die Mönche viel gearbeitet haben, dann kann ihnen der Abt auch mehr zugestehen. Nur sollen sie nicht im Übermaß trinken. Wo aber nichts wächst, da sollen die Mönche nicht murren, sondern Gott loben und preisen ...

Deswegen gibt es auch heute keine ehernen Regeln für die Gestaltung des Tages der Mönche. Heute sind nicht nur die sogenannten Horen den Erfordernissen der Moderne angepasst. Auch der Zeitpunkt der Eucharistiefeier ist unterschiedlich. Es gibt Gemeinschaften, die feiern die Eucharistie auch am Abend. Die Abtei Saint John's in Collegeville hält sie hingegen am Mittag, und es nehmen viele Studenten der dortigen Universität daran teil. Es gibt sehr viele Beweggründe, den Tag so oder so zu strukturieren.

Bei uns in St. Ottilien wird zum Beispiel in ganz verschiedenen Bereichen viel gearbeitet, und daher müssen die Mönche zur selben Zeit da sein wie die weltlichen Angestellten, das heißt um halb acht Uhr. Und wenn man dann zurückrechnet, dann muss man eben um vier Uhr fünfzig aufstehen. Schwierig wird es, wo verschiedene Tagesrhythmen zusammenstoßen. Das war immer das große Dilemma in St. Ottilien: Wir haben unsere Landwirte, die schon sehr früh aufs Feld rausgehen. Es gibt die Bäcker, und wir haben unsere eigene Frühmesse schon um fünf Uhr. Und dann kommen die anderen, die Handwerker fangen alle gegen halb acht Uhr an. Die Schule beginnt um acht Uhr. Das alles unter einen Hut zu bringen ist nicht einfach. Mit der Zeit bildet sich ein fester

Rhythmus heraus. Doch zunächst muss man möglicherweise auch jonglieren und Kompromisse schließen.

Wie auch immer es im Einzelnen geregelt ist, entscheidend ist etwas anderes: Im Zeitrhythmus der Mönche wird der Tag immer noch eingebunden in beide Dimensionen: die Gnadenzeit der Heilsgeschichte und die Naturzeit des Tages. Entscheidend ist das Gespür für die besondere Qualität der Zeit eines jeden scheinbar noch so alltäglichen Tages. Zeit wird bewusst erlebt und durch das Stundengebet geheiligt. In jeder Stunde erfahren wir, dass letztlich nicht wir es sind, die über die Zeit verfügen, sondern dass die Zeit vielmehr Gott gehört und dass sie uns geschenkt ist.

Jeder Augenblick ist heilig.
Diese Erfahrung bestimmt alles.

9   Das Zeitmaß der Mönche

Wenn das Testaccio-Viertel in Rom morgens erwacht, oberhalb dessen unser Kloster Sant'Anselmo liegt, wenn die Autos angelassen werden, die Motorräder aufheulen und die Menschen mit viel Lärm zur Arbeit oder zur Schule gehen, befinden wir Mönche uns gerade in der Kirche. Ich denke dann immer an die Menschen da draußen und daran, dass meine Berufung und mein Glück darin besteht, mitten unter ihnen zu sein.

Wenn ich gefragt werde: „Woher holst du eigentlich deine Energie?", ist meine Antwort: „Es ist die Freude an den Menschen. Aber es ist vor allem auch das Chorgebet, das Beten und Singen im Mönchs-Chor in der Kirche." Chorgebet, das ist die Zeit, in der ich mich einfach fallen lassen kann. Aber dieses Fallen geht nicht ins Leere, sondern in die Fülle hinein. Wenn ich es mit etwas vergleichen sollte, dann ist es die überschäumende Kaskade eines sommerlichen Springbrunnens. Oder noch besser: Es ist eine Erfahrung, lebendig wie ein Springbrunnen.

Feste Zeiten strukturieren unseren Tag. Dieser Rhythmus macht mir bewusst, dass ich das Privileg besitze, mir viel Zeit für das Gebet freizuhalten.

Wenn ich also auf der Statio stehe, im Chor-Gang vor der Kirche, wo wir Mönche uns auf den Gang in die Kirche vorbereiten, lasse ich alles von mir abfallen, was mich sonst beschäftigt, und seien es die größten Sorgen. Das alles kann einmal eine halbe Stunde warten. Jetzt ist nur Gott und die Zuwendung zu ihm wichtig. Dann merke ich plötzlich: Das ist nicht nur Seine Zeit, es ist auch meine Zeit. Die Zeit für Gott, sie wird zum Geschenk für mich.

Das Zeitmaß der Mönche ist, vom frühen Morgen bis zum Gebet der Nacht, geprägt vom Psalmenbeten. Psalmen sind Gedichte, sie gehören zur Weltliteratur. Sie sind gleichzeitig persönliche, aber auch gemeinschaftliche Gebete. Wenn der Psalm 139 – „Du hast gebildet mein Innerstes; du hast mich im Schoß meiner Mutter gewoben"– auftaucht, weiß ich natürlich und ganz unmittelbar, was sich da alles jetzt abspielt.

Ich stehe da, ich singe, aber ich sehe den gesamten Psalm vor mir, wie ich bei einem Gedicht die Gesamtheit des Textes wahrnehme. Es gibt eine gewisse Grundstimmung, die mich einhüllt. Man könnte das auch Meditation oder Kontemplation nennen. Da achte ich nicht mehr auf jedes einzelne Wort. Auf einmal spüre ich einfach diese große Freiheit. Es sind Worte, die seit über 3000 Jahren Menschen immer wieder geholfen haben, ihre Erfahrung ins Wort zu bringen, und das ist meine Erfahrung noch heute: Dass dieses Beten, das sich hineinstellt in diesen großen Strom von Betern, unglaublich befreit.

Die Gesellschaft kannte früher noch feste Rhythmen: Der Ablauf des Arbeitsjahres war von Feiertagen unterbrochen, die an eine andere Geschichte – an die großen Ereignisse der Heilsgeschichte – erinnert haben. Viele dieser Feiertage gibt es heute nicht mehr, andere Festzeiten sind verblasst: etwa die Fastenzeit, die auf die Feier von Ostern vorbereitete, oder die Weihnachtszeit, die in den Adventswochen ihre eigene Färbung hatte. Es gab einen festen Tagesrhythmus, gekennzeichnet durch feste Gewohnheiten und auch durch Gebete.

„Beim Gebetsläuten müssen die Kinder nach Hause", so hat es in meiner Kindheit noch geheißen. Und viele Erwachsene wissen es noch aus ihrer Kindheit, dass man mit der Sonne aufstand und mit ihr zu Bett ging. Kinder, für die der Morgen mit einem Lied – „Die güldne Sonne" zum Beispiel – begonnen und für die die Mutter den Abend mit einem Abendlied eingeleitet hat, haben noch eine wunderbare Erfahrung gemacht: Weil man wusste, jetzt ist Tag und jetzt ist Nacht. Weil man erfahren hat: es gibt fürs Leben einen Grundrhythmus. Diese Fixpunkte sind seltener geworden, wenn es sie überhaupt noch gibt.

Die Muslime haben noch heute den Muezzin, der solche „heiligen Zeiten" verkündet und die Gläubigen daran erinnert, dass die Stunde des Gebets gekommen ist. Und auch in den Klöstern gibt es noch diesen festen Rhythmus. Im gesellschaftlichen Leben muss sich jeder selbst Strukturen einrichten. Vielleicht sind für viele die Klöster heute deswegen wieder so interessant, weil sich hier diese gesunde Balance zeigt.

Selbstverständlich können nicht alle Menschen ihren Tagesablauf wie die Mönche gestalten. Aber sie werden durch den Rhythmus der Mönche an etwas Wichtiges erinnert: Wir haben heute den Tag zur Nacht gemacht und die Nacht zum Tag. Wir romantisieren die Natur, in Wirklichkeit haben wir ein ganz unnatürliches Leben, das heißt abgehoben von den Naturrhythmen. Wer so lebt, löst sich von sich selber ab. Wir sind und bleiben an die Natur gebunden – bis zum Tod und noch im Tod.

Noch heute ist das für viele ein Traum und der Inbegriff eines natürlichen Lebens. Ich selber habe das früher, in meiner Kindheit, noch als den Alltag vieler Menschen erfahren: mit der Sonne zu leben, mit dem Aufgang der Sonne bis zu ihrem Untergang. Und am Ende des Tages konnte man dann sagen: So, jetzt ist der Tag zu Ende, jetzt können wir uns gemütlich ins Bett legen. Wenn man nach einem harten Arbeitstag, der bis in die Nacht hinein geht, nur vier, fünf Stunden Schlaf bekommt, ist das keine eitel Freude mehr. Man fällt dann wie ein Sack ins Bett.

Wiederholung, Konzentration, Hinwendung, das sind die Elemente, die den Zeitablauf im Kloster prägen.

Wiederholung heißt keineswegs Verflachung. Es gibt diese Meinung, aber sie stimmt nicht. Nur bei oberflächlichen Menschen verflacht alles prinzipiell. Leute im Büro haben die Bilder ihrer Frau oder ihrer Kinder auf dem Schreibtisch stehen. Sie schauen mit Freude immer wieder hin, die können sich nicht satt daran sehen. Oder wenn man noch frisch verliebt ist, hat man ein Foto von der Freundin in der Brieftasche, und das guckt man doch immer wieder an. Das ist doch etwas sehr Schönes.

Unser Tag braucht Struktur. Ich werde oft gefragt, ob es nicht auch im Alltag eines Weltmenschen diese strukturierten Möglichkeiten geben kann. Ob man sozusagen den Mönch auch im Alltag in sich entdecken kann. Meine Antwort: Im Kern ja. Natürlich ist es schwierig, wenn diese Strukturierung durch den Beruf ständig unterbrochen wird.

Jeder kann seinen Tag strukturieren. Er muss es allerdings auch. Das Problem kenne ich auch als Mönch, der viel unterwegs ist. Wenn ich quer um den Globus fliege, dann muss ich mir selbst überall schon in der Frühe überlegen: Was tue ich untertags? Und am Abend stelle ich fest: Es ist doch wieder einiges aus dem Ruder gelaufen. Aber, was immer passiert, jeden Tag in der Frühe nehme ich mir meine Zeit zu einer Besinnung und zum Gebet. Nur so läuft der Tag gut an. Ich nehme natürlich an den Gebetszeiten teil, wenn ich irgendwo in einem Kloster bin.

Eigentlich müsste auch jemand, der in der Welt lebt, sich so ein paar, ein, zwei Punkte im Alltag selbst aussuchen. Mir kann keiner sagen, das ginge bei ihm nicht. Wenn ein Manager das sagt, dann ist er kein guter Manager, denn auch das Einplanen solcher Zeitoasen gehört zum Zeitmanagement. Dazu braucht es nicht viel Aufwand. Es genügt schon, sich am Morgen nach dem Aufstehen, vor oder nach dem Frühstück, kurz zurückzuziehen, um nicht einfach nur in den Tag hineinzufallen, sondern ihn ganz bewusst anzugehen. Es genügt, sich klar zu machen, dass Gott uns auch diesen Tag begleiten wird. Oder am Abend kurz Rückschau zu halten, noch einmal zu reflektieren, was gewesen ist.

Bei mir gehört etwas dazu – und auch das würde ich jedem raten: beispielsweise, sich ca. zehn Minuten für die Lektüre der Heiligen Schrift zu nehmen, und seien es nur ein paar Sätze. Immer einen Text hernehmen, weitergehen, ganz langsam. Da geht es nicht darum, dass man in einer Woche durch ist, sondern dass ein Schriftwort immer tiefer in uns hineingeht, dass es „verinnerlicht" wird. Wenn ich mittags von meiner 20-minütigen Siesta aufstehe, hat die Lesung der Heiligen Schrift Vorrang, und wenn ich diese Zeit zur geistlichen Lesung nicht habe, dann werde ich ungemütlich. Besonders, wenn dann die Anrufe aus Deutschland kommen. Die kommen alle schon so zwischen zwei und halb drei oder drei Uhr, das ist die Zeit, wo man keinen Römer anrufen darf. Wenn dann einer anruft und auch noch fragt: „Habe ich Sie gestört?", dann sage ich ehrlichkeitshalber: „Ja, durchaus!" Der andere ist dann oft nicht wenig erstaunt.

Jeder Tag braucht Rhythmus, Rituale, auch Wiederholungen – zeitliche Struktur.

Nicht anders ist es mit der Erfahrung der Gebetszeiten. Auch diese bewusste und in einem bestimmten Rhythmus eingeplante Hinwendung zu Gott strahlt aus, sie konzentriert und vertieft unser Leben. Es ist eine Erfahrung, die man immer wieder neu machen kann und die einen immer wieder neu macht.

Nicht nur zu allen heiligen Zeiten, sondern jeden Tag. Jeder und jede an seinem und ihrem Platz.

Wenn am Morgen also unser Stadtviertel erwacht und der immer lauter werdende Lärm der Straße in unsere Kirche dringt, wo wir die Liturgie feiern, dann denke ich, wie wunderbar sich unser Leben ergänzen kann. Die Menschen in unserem Stadtviertel können nicht leben wie wir und wir nicht wie sie. Und dennoch – die Botschaft des Heiligen Benedikt zum Maß der Zeit ist nicht überholt.

10 *Herzschlag des Lebens*

Ich stand daneben, als vor vielen Jahren eine ältere Dame zu meinem Freund, einem Pfarrer, sagte: „Hier, Herr Pastor, hier haben sie 'ne Mark, beten Sie mal was für mich." Oder, bei anderer Gelegenheit, meinte eine andere, schon etwas ältere Frau: „Also Herr Pastor, nehmen Sie nicht so tragisch, wenn ich da bei der Predigt nicht zuhöre, aber ich komme sonst mit meinen Gebeten nicht durch."

Herrlich, einerseits.

Aber nicht nur lustig.

Was passiert eigentlich in der Liturgie? Erleben Menschen, die heute am Sonntag in die Kirche kommen, gestaltete und heilige Zeit?

Früher gab es nicht selten ein Verständnis von Liturgie nach dem Motto: Der Pfarrer macht es schon für euch. So habe ich das erlebt, als ich zum ersten Mal, in den 60er Jahren, nach Rom kam. Da war kaum jemand in der Kirche. Wozu denn auch? Der Pfarrer macht es ja für uns. Niemand aus dem einfachen Volk hat damals von der lateinischen Messe etwas verstanden. In Deutschland wurde das fromme Volk beschäftigt mit Liedern oder mit dem Beten des Rosenkranzes. Damit geht die Zeit vorbei, aber das ist ja doch nicht Sinn der Sache. Aus diesem Grund hatte ja P. Anselm Schott, der Benediktiner aus Beuron, das lateinische Messbuch samt der deutschen Übersetzung herausgegeben, damit die Gläubigen dem Geschehen am Altar folgen konnten.

Dass dem Gottesdienst nichts vorzuziehen ist, sagt Benedikt. Liturgie ist für ihn also keine formalistische Übung, sondern der Herzschlag des Lebens. Sie ist auch für mich in erster Linie eine Erfahrung. Eine tiefe Erfahrung, in die ich immer wieder eintauche. Sie ist die Quelle meiner Kraft im Alltag. Nicht einfach ein Zurück aus dem Alltag oder ein separater Bereich neben ihm. Es ist für mich wie ein Öffnen eines Zeitfensters hinein in Gott selbst, in seine Gegenwart, die Ewigkeit ist. Es ist in diesem Jetzt die Erfahrung des Abtauchens in die Ewigkeit. Und die Möglichkeit, davon immer wieder ein Stück mit herauszunehmen. Ewigkeit, so verstanden, ist ein anderes Wort für Glück.

Nicht nur bei einem echten und tiefen Gespräch, auch in der Liturgie kann es passieren, dass man eigentlich gar nicht merkt, wie die Zeit vergeht. Ich finde es immer schön, wenn mir die Leute nach dem Gottesdienst sagen: „Das war so schön, man hat gar nicht gemerkt, dass das zwei Stunden waren", während sie sonst über alles jammern, was über eine halbe Stunde geht.

Ich kann Lebensfreude nur vermitteln, wenn ich sie am eigenen Leib erfahre. Das ist auch das Entscheidende in der Liturgie. Eucharistie, ob im kleinen Rahmen, im großen Rahmen, das ist für mich jedes Mal ein Fest. In Afrika, wenn bei einem Festgottesdienst die kleinen Kinder die ganze Zeit sakrale Tänze ausführen oder wenn die Schwestern oder andere Gruppen zum Ritualgesang oder zur Gabenbereitung singen und tanzen und langsam in einer Art Schreittanz in den Chorraum kommen, dann überträgt sich das auf die ganze Gemeinschaft, die singt und swingt und wirklich Freude „ist". In Europa ist das natürlich anders, aber auch hier geht es um diese innere Freude und Begeisterung.

Wenn ich selber Eucharistie feiere, verschwindet für mich die Zeit, ich bin ganz da – oder ganz weg. Wenn beim Gedächtnisopfer Jesu Christi die Erinnerungsworte Jesu gesprochen werden, dann ist für mich Christus im Abendmahlssaal wirklich gegenwärtig; da steige ich aus der Zeit aus. Das ist die eigentlich mystische Erfahrung einer unglaublichen Befreiung. Die Erfahrung einer Weite, die mich aus allem beengten Fluss der Zeit hinausführt, in eine andere Wirklichkeit.

Es gibt eine alte Überlieferung, nach der bei der Geburt Christi und auch beim Tod Jesu die Zeit still stand. Es gibt Lieder, in denen das besungen wird. Das heißt: hier ereignet sich etwas Wichtiges, etwas so Großes, dass man gewissermaßen über die Zeit hinausgehoben ist. Es ist eine echte Ekstase, ein Heraustreten aus der Endlichkeit. Zeit ist nicht mehr vorhanden.

Kann ein moderner Mensch diese mystische Dimension von Liturgie noch erfahren? Romano Guardini hat die Frage gestellt, ob der moderne Mensch überhaupt noch liturgiefähig sei. Haben Menschen in unserer individualisierten Single-Gesellschaft dazu noch einen Zugang?

Karl Rahner hat gesagt: Den Mystikern, also denen, die etwas *erfahren* haben, gehört die Zukunft des Christentums. Liturgie wieder als Quelle der Erneuerung erfahrbar machen, als Hauch der Ewigkeit, die den Menschen aus dem Zwang der Zeitlichkeit herausnimmt – darauf käme es an. Das ist das Beglückende an der Liturgie, dass ich weg bin von den Sorgen um die Zukunft und der Verhaftung in der Vergangenheit und den nicht enden wollenden Verpflichtungen des Alltags.

Das heißt natürlich nicht, dass Liturgie etwas ist, was jenseits von menschlicher und geschichtlicher Zeit stattfindet oder damit nichts zu tun hat. Im Gegenteil. Liturgie ist Ordnung und Sinngebung der Zeit. Sie gibt uns Kraft für die Gestaltung unserer Zeit, indem sie auf die Dimension einer heiligen Zeit, einer Heilszeit, verweist. Das ist das Entscheidende in der Liturgie und nicht, dass ein Heiliger nach dem anderen in den liturgischen Kalender aufgenommen wird.

In der Liturgie, wo sie wirklich gefeiert wird, ist eine naturnahe und ganzheitliche Erfahrung von Zeit möglich. Unser Problem ist doch, dass wir an der natürlichen Zeit und ihren Rhythmen vorbei leben. Die Zeiterfahrung, die man in der Liturgie machen kann, erinnert uns an so etwas wie das Urmaß unseres Menschseins. Das Heilige wird vergegenwärtigt und in die Gemeinschaft von uns allen hereingeholt, herein in dieses gegenwartsgetriebene Leben. Liturgie führt also aus der Flüchtigkeit heraus und eröffnet ganz andere Erfahrungsräume.

Schon die sakrale Architektur zeigt das. Die Ostung unserer Kirchen, also die Ausrichtung der Hauptachse der Kirche in Ost-West-Richtung, nach der Sonne, die am Morgen im Osten aufgeht und am Abend im Westen untergeht, ist ein altes Prinzip. Der Betende blickte nach Osten in die Richtung der aufgehenden Sonne, zum natürlichen Einfallstor der Sonne. Viele alte Kirchen sind übrigens nicht in Richtung Altar, sondern in Richtung Türe geostet: In Ravenna hat man zum Beispiel in der Frühe die Kirchentore aufgemacht. Durch das Kirchentor flutete das Licht der Sonne dann in die Kirche. Das Aufgehen der Sonne symbolisiert die Auferstehung von den Toten. Der Kirchenbau hat also schon in frühchristlicher Zeit theologisch mit einer kosmischen Realität gearbeitet: mit dem Tag, mit der Sonne. Wir erleben es selber, die Sonne ist ein beglückendes Element. Das Licht tut auch dem Körper gut, eine andere Welt scheint auf, die Sonne hellt auch die Seelen auf, sie ist ein Antidepressivum, Lebensfreude. Die Sonne hatte seit alters einen großen Symbolwert: Christus war die unbesiegbare Sonne, die nicht untergeht, *sol invictus*. Und genau um das Mitfeiern dieses Urgefühls geht es auch in der

Liturgie. In Psalm 19, 2.5-7 kommt das sehr schön zum Tragen: „Die Himmel rühmen die Herrlichkeit Gottes, die Himmelsfeste verkündet das Werk seiner Hände ... Dort hat er ein Zelt geschaffen der Sonne; wie der Bräutigam aus dem Gemache geht sie hervor, froh wie der Held, der durchläuft seine Bahn: Sie geht hervor am Rande des Himmels, und wieder zum Rande des Himmels eilt sie dahin."

Liturgie ist also Erfahrung von natürlicher Zeit und gleichzeitig Erfahrung von Ewigkeit. Ewigkeit meint aber nicht eine tote Ewigkeit. Der Abt eines orthodoxen Klosters auf dem Athos hat mir, auf die Frage, was das Besondere an der Orthodoxie sei, einmal gesagt: „die Gemeinschaft der Heiligen". Menschen, die vor mehr als tausend Jahren gelebt haben und derer in der Liturgie gedacht wird, sind alle auf einmal da. Und nicht nur diese Heiligen, die ganze Kirche ist da, von Anfang bis heute. Es ist ein ungeheuerliches Geheimnis. Wenn wir Allerheiligen feiern, müssten wir uns eigentlich dessen gewärtig sein, was das heißt: Das sind ja Milliarden von Menschen, für die Christus gestorben ist und die aber jetzt alle irgendwo geheimnisvoll zugegen sind. Das heißt, wir treten ein in den Himmel.

Im Christentum greift Gott in die Geschichte ein, indem er selbst Mensch wird. Die Erfahrung, dass die Zeit still steht, das ist nicht das Stillstehen der Zeit im Sinne des Aufhörens von Geschichte. Uns überfällt Angst, wenn sich plötzlich nichts mehr rührt. Ein qualitatives Gespür für Ewigkeit und die Präsenz des Göttlichen zu bekommen, ist aber etwas ganz anderes als die Abwesenheit von Veränderung. Sie ist vielmehr intensivste Erfahrung der Fülle, und nicht Totenstille. Einer solchen Erfahrung geht es keineswegs darum, in einem Zirkel der Innerlichkeit zu verweilen. Diese liturgisch geprägte Zeit ist eine Kraft, die in die Geschichte hineinwirkt. Zeit wird erneuert, und auch die neue Zeit ist wieder Heilszeit.

Es geht auch nicht darum, Beten und Handeln, Gottesdienst und Weltverantwortung gegeneinander auszuspielen. Jedes Gebet, jeder Gottesdienst motiviert unser Handeln, richtet uns auf die Schöpfung, die Mitmenschen hin aus. Gerade zum richtigen Handeln brauchen wir die Zeiten der anderen Perspektive. Wir können nicht nur immer im Pressieren und Agieren leben. Die Feier der Liturgie ist eine heilige Zeit. Sie schenkt uns die Möglichkeit, uns ins Geheimnis zu versenken. Das ist keine Flucht vor dem Handeln. Im Gegenteil: Es ist Schutzschild gegen die Verflachung und Verkürzung des Handelns. Die Erfahrung der Gemeinschaft und Erfahrung eines natürlichen Lebens vor Gott kann unseren kleinen Zielen die große Richtung vorgeben.

Der Schatz der Liturgie, das Schöne und das Entscheidende an ihr, ist die gemeinschaftliche Erfahrung des Geheimnisses unseres Lebens. Dass unser Leben eine universelle, kosmische Dimension hat, das können wir in jeder Liturgie erfahren. Es ist wirklich ein großes Glück. Und es steht uns allen offen. Ja, das ist es, was ich allen wünsche: In einer solchen Gemeinschaft Ewigkeit erfahren. Nichts anderes ist wirkliches Glück.

11 *Der Schatz des Sonntags*

Vor vielen Jahren war ich in Agrigent, an der Südwestküste Siziliens. Nach meiner Promotion hatte mir mein Abt den Traum dieser Reise genehmigt. Ich stand vor dem berühmten architektonisch großartigen und eindrucksvoll frei in der Landschaft stehenden Concordiatempel aus dem 5. Jahrhundert v. Chr.

Mein Gedanke: Das hat die Griechen nicht nur ästhetisch beeindruckt, es muss sie überwältigt haben: diese Größe, diese Wucht und die Schönheit dieser Proportionen. Noch mehr beim Anblick des majestätischen Tempels von Segesta, mit seinen ockerfarbigen dorischen Säulen, der völlig allein in einem Tal in der Nähe von Palermo steht. Wer das sieht, hat eine Ahnung von Gottes gewaltiger Macht.

Aber für mich hatte gerade dieses Beeindruckende, diese sakrale Ruhe auch etwas geheimnisvoll Unantastbares, etwas Fremdes. Ich spürte darin etwas, vor dem ich erschauerte. Und ich dachte: Das ist nicht der christliche Gott.

Oder ein Eindruck aus Jakarta. Dort haben die Moslems direkt gegenüber der neugotischen katholischen Kathedrale, einem französischen filigranen Stahlbau aus dem 19. Jahrhundert, eine pompöse Moschee hingesetzt, sie hat sicher das Fünfzigfache an Größe. Und sie ist noch dazu mit Gold bedeckt. Die Wirkung zielt auf die einfachen Leute. Die klare Botschaft dieser Architektur: Schaut, unser Gott, Allah, ist der große, der mächtige Gott.

Was ist nun die Erfahrung Gottes, die wir Christen machen? Auf keinen Fall verbinde ich solchen Pomp und die Erfahrung solch überwältigender Größe mit dem Christengott. Dessen Souveränität erfährt ein Christ, wenn er liest, wie Jesus vor Pilatus stand oder erst recht in seinem Sieg über den Tod am Kreuz. Vielleicht wird sie am deutlichsten, wenn ich sage, was der Sonntag für uns bedeutet.

Wir kennen vor allem das Arbeitsverbot, das uns die Arbeit verbietet, damit wir an Gottes Sabbatruhe teilhaben. Und wir sprechen auch vom Sonntagsgebot, das uns gebietet, am Sonntag in die Kirche zu gehen. Verbot und Gebot also. Der Heilige Benedikt, im 6. Jahrhundert und in einer Kultur lebend, die Arbeit als knechtisch ansah, hatte ein anderes Verständnis von Sonntag. Seine Überzeugung war: Wir müssen arbeiten, wir müssen ja leben. Aber, so sagt er in seiner Regel, während wochentags ein Rhythmus zwischen Beten und Arbeiten gilt, soll der Sonntag für die Lesung frei sein. Auch während der Woche ist Zeit für die Lesung, aber nicht so viel wie am Sonntag. Er fügt allerdings noch hinzu: Wenn aber einer nicht lesen kann – es gab schließlich Analphabeten – oder nicht lesen mag – auch solche gibt es – dann soll der Abt ihm eine ordentliche Arbeit in die Hand drücken, damit er nicht müßiggeht. Auch am Sonntag.

Diese Haltung ist etwas ganz anderes als das Arbeitsverbot am Sonntag. So merkwürdig das klingt: Das kann uns näher zu dem hinführen, was am christlichen Verständnis des Sonntags besonders ist. Und zu dem, was heute „schief läuft" mit dem Verständnis des Sonntags.

„Dem Gottesdienst ist nichts vorzuziehen", auch das sagt Benedikt. Sonntagsruhe. Sonntagspflicht. Tag des Herrn. Ist es das, was den Sonntag ausmacht?

Vielleicht haben auch wir – nach C. G. Jung – Archetypen von Gott in uns: „In diesen heiligen Hallen" – der Schauder vor dem Großen und dem Mächtigen. Die Idee der „heiligen Ruhe".

Ruhe ist zwar ein wichtiger Faktor, auch wenn ich über den christlichen Sonntag spreche. Aber diese Ruhe ist nicht die heilige Ruhe, wie wir sie aus anderen Religionen kennen. Es ist nicht die Ruhe der ägyptischen Götter, in deren Nähe man erschaudert. Das ist auch nicht die heilige Ruhe eines Aristoteles, für den Gott der unbewegte Beweger ist: eine Wirklichkeit, wo sich nichts mehr bewegt.

Johann B. Metz hat einmal gesagt, die kürzeste Definition von Religion sei: „Unterbrechung". Wonach sich Menschen heute sehnen, das ist ja in der Tat: Unterbrechung der Zeit des Müssens, des ewigen Drucks, Beendigung des Hamsterrads, des Getriebenseins.

Der Sonntag ist in der biblischen Tradition ein Tag der Unterbrechung und des Ausruhens. Der alltägliche Stress des Arbeitslebens soll aufhören. In Genesis 34 steht es: Sechs Tage sollst du arbeiten, am siebten Tage sollst du ruhen.

Das Christentum als Befreiung bedeutet auch das Unterbrechen dieses Getriebenseins. Ich stehe zwar im Alltagsrhythmus und im Berufsrhythmus, ich kann nie ganz aussteigen aus der Realität, die heute von der Arbeit bestimmt ist, aber ich kann unterbrechen. Damit zeigt sich: der Anspruch der Arbeit ist relativ. Er bestimmt nicht alles.

Das führt zum Sinn und Wert des Sonntags: Ich kann aus diesem Zwang und dem Anspruch, ständig etwas zu müssen, einfach aussteigen. Benedikt XVI. sagte in einer Predigt bei seinem Wien-Besuch zum Wert des Sonntags: „Die rastlose Gier nach Leben, die den Menschen heute umtreibt, endet in der Öde des verlorenen Lebens." Sonntag ist ein Gegenentwurf zur Ödnis des in der Hektik und Rastlosigkeit verlorenen Lebens.

Das scheint eine Utopie im Blick auf die Wirklichkeit, in der Geld alles ist. In den USA sind die Läden schon rund um die Uhr geöffnet: 24 Stunden und sieben Tage die Woche. Und auch hierzulande droht das. Der Sonntag wird schon heute in unserer Gesellschaft immer mehr ausgehöhlt. Vermutlich fällt er auch irgendwann bei uns dem Produktivitätsfanatismus der Wirtschaft zum Opfer. Unser Leben wird banal. „Banal" heißt eigentlich nichtssagend und meint in der Konsequenz: sinnleer.

Muss man deswegen resignieren? Nein. Radikal gesagt: Vom individualistischen Gesichtspunkt aus sollen sie es von mir aus machen. Rund um die Uhr. Und wenn man sagt: „Wir brauchen aber einen Tag zum Ausruhen, das tut den Menschen gut", dann könnte ich sagen: Richtig. Aber den Ausruhtag kann man einlegen, wo man will. Das muss nicht unbedingt der Sonntag sein. Ich muss möglicherweise einen Rhythmus haben. So wie der Pfarrer jeden Montag freinimmt, meinetwegen. Der Pfarrer macht das ja im Prinzip, der arbeitet ja Samstag und Sonntag. Wenn man so argumentiert, ist der Sonntag wirklich nicht zwingend der gemeinsame freie Tag.

Aber es geht eben nicht nur darum, irgendeinen Tag frei zu haben. Es geht darum, einen Tag für die Gemeinschaft frei zu haben: zum Beispiel für die Familie, für die Gemeinde, zum gemeinsamen Feiern. Das ist etwas ganz anderes als nur ein beliebiger „Arbeitsunterbruch", wie die Schweizer sagen würden.

Ein Ausruhtag, das reicht nicht, um den Sinn des Sonntags zu begründen. Ein Ruhetag in der Woche ist mit Sonntag nicht gleichzusetzen. Und ich kann in unserer pluralistischen Gesellschaft den Sonntag als christlichen Tag auch nicht mehr als für alle verbindlichen freien Tag einklagen.

Freilich kann ich auch in der pluralen Gesellschaft Rücksicht verlangen. Wenn in unserer Gesellschaft zwei Drittel noch christlich sind, dann ist es nicht zu viel verlangt, dass das andere Drittel sagt: Dann legen wir halt den gemeinsamen arbeitsfreien Tag auf den Sonntag, dann können die anderen wenigstens in ihre Kirche gehen.

Wichtig ist: Es braucht den Konsens der Gesellschaft. Es liegt ja nicht mehr im Ermessen des Einzelnen, sich einen Tag auszusuchen. Die Verkäuferin wird bei Aldi reingestellt und muss dann die Kasse bedienen. Hier wird es sicher notwendig, dass die Gesellschaft einen Tag für alle auswählt und bestimmt und sagt: den gönnen wir uns alle. Andernfalls werden gerade die einfachen Arbeiterinnen und Arbeiter ausschließlich dem Gewinnstreben unterworfen. Hier muss die Solidarität einer Gesellschaft sichtbar werden.

Neben dem gesellschaftlichen Aspekt des Sonntag ist freilich auch seine spirituelle Bedeutung wichtig. Dies liegt jenseits seiner gesellschaftlichen Funktion als sozialer Kitt. Der wäre ja auch durch den gemeinsamen freien Tag gegeben. Aber auch der spirituelle Aspekt hängt wieder mit der Erfahrung von Gemeinschaft zusammen.

Für Christen ist der Sonntag der Tag, an dem die Auferstehung gefeiert wird, daher: der Herrentag. Ich gehe am Sonntag, zugespitzt gesagt, nicht in die Kirche, um zu beten, sondern um gemeinsam mit den anderen das Geheimnis unseres Erlöstseins zu feiern. Das ist etwas ganz anderes. Allen, die sagen, am Sonntag brauche ich nicht in die Kirche zu gehen, ich kann genauso gut in den Wald gehen und dort beten, antworte ich: Erstens glaube ich dir nicht, dass du in den Wald gehst und dort betest. Zweitens aber, und das ist wichtiger: Du kannst dort nicht mit anderen den Glauben feiern. Das Christentum ist keine individualistische Lösung, auch wenn im 19. Jahrhundert durch das Aufkommen des Individualismus diese Fehldeutung möglich wurde. Christentum ist eine Glaubensgemeinschaft. Und das wird am Sonntag deutlich.

Der Gedanke, dass Christen in erster Linie eine Glaubensgemeinschaft sind, ist leider auch in der Kirche oft verlorengegangen. Der Sonntag wurde zur Sonntagspflicht. Die Sonntagspflicht als Kirchengesetz hat die Fähigkeit unterhöhlt, an dem festzuhalten, was das Wesentliche ist: sich an einem Tag der Woche daran zu erinnern, dass Jesus uns seine Gegenwart versprochen hat, wenn wir gemeinschaftlich im Gedächtnis an ihn das gemeinsame Abendmahl wiederholen. Allein im stillen Kämmerlein oder allein im Wald und in der schönen Natur gelingt das nicht. Die Menschen sind so nicht gebaut, dass sie Gott nur für sich allein finden können. Christentum, das ist zunächst eine Gemeinschaft des Glaubens, wie man nach den Einsetzungs-Worten heute im Kanon sagt: „Geheimnis des Glaubens", Gemeinschaft des Glaubens aller. Das macht den Sonntag eigentlich aus. Dazu gehe ich am Sonntag in die Eucharistiefeier, das ist die Erinnerung an das Heilswerk Gottes, an seine Liebe zu uns. Deswegen ist für mich der Sonntag in erster Linie der Tag der gemeinschaftlichen Eucharistiefeier.

Nun leben in einer Großstadt wie München zwei Drittel als Singles. Wer zum Beispiel soll da noch ein Gespür haben für Gottesdienst als einer genuinen Erfahrung von Gemeinschaft? Ich bin überzeugt: Gerade in einer individualisierten Gesellschaft muss die Liturgie Gegenmodelle anbieten und die Singles wieder integrieren. Wenn der Mensch nicht für das Singledasein geschaffen ist, dann muss Kirche eben wieder Gemeinschaft bilden, von unten her. Junge und Alte, Kinder und Senioren, Menschen aller sozialen Schichten in der sonntäglichen Eucharistiegemeinde zusammenzubringen, das wäre ein wirklich heilsamer Beitrag in unserer Gesellschaft: Denn Liturgie ist mehr als Anbetungsfrömmigkeit.

Der Rückgang im sonntäglichen Kirchbesuch hängt damit zusammen, dass das Verständnis genau dafür fehlt. Man hat daraus ein Gesetz gemacht: Am Sonntag muss man in die Kirche gehen zum Beten. Damit wird es schon wieder ein Verbot, sich am Sonntag nicht wohlfühlen zu dürfen oder irgendwo hinfahren zu können, sondern am Sonntag „muss" ich …

Und wenn ich etwas „muss" – ist es mit der Freiheit aus: schon rebelliert der Mensch dagegen. Man hat den tieferen Sinn nie einsichtig gemacht.

Es geht nicht nur darum, die Statistiken zu erstellen, wer am Sonntag kommt. Es geht vor allem darum, ein neues Gespür zu entwickeln, wie wichtig das ist, wie existentiell. Hier wird das Zentrum gefeiert, von dem her ich meinen ganzen Alltag bewältige. Christen nicht „per Dekret" auf etwas zu verpflichten, sondern sie dafür zu sensibilisieren, dass gerade dies ihre Freiheit ausmacht, das wäre Aufgabe der Katechese.

Inzwischen wächst auch das Verständnis für den tieferen Sinn des Sonntags. Benedikt XVI. hat im Wiener Stephansdom bei der Sonntagsmesse daran erinnert: Für die ersten Christen war auch unter Drohung der Todesstrafe die sonntägliche Eucharistie nicht ein Gebot, sondern eine innere Notwendigkeit. Und der Papst fragt: Was geht es die Christen von heute an? Lebensnotwendig viel, sagt der Papst, und dann: „Ja, auch für uns gilt, dass wir eine Beziehung brauchen, die uns trägt, unserem Leben Richtung und Inhalt gibt, auch wir brauchen die Berührung mit dem Auferstandenen, der durch den Tod hindurch uns trägt. Wir brauchen diese Begegnung, die uns zusammenführt, die uns einen Raum der Freiheit schenkt, uns über das Getriebe des Alltags hinausschauen lässt auf die schöpferische Liebe Gottes, aus der wir kommen und zu der wir wieder gehen." Sonntag als Zeit der bewussten Zuwendung zu diesem inneren Kern – dahin müssten wir wieder zurückkommen, weg vom formalisierten Gebotsdenken.

Wir sind heute in derselben Situation wie die ersten Christen. Wir müssen unser Christentum wieder neu buchstabieren. Die Kirche muss ganz von vorne anfangen. Die Menschen müssen den christlichen Weg erst wieder neu finden. Die Krise der Kirche ist auch eine enorme Chance.

Ich bin sicher: Die Zukunft des Christentums hängt auch von der Wiederentdeckung des Sonntags ab. Wenn der heilige Benedikt sagt: „Dem Gottesdienst ist nichts vorzuziehen", dann ist klar – er meint keine Nebensächlichkeit. „Gottesdienst" bedeutet für ihn allerdings nicht nur die Eucharistiefeier, sondern generell das tägliche gemeinschaftliche Beten der Mönche. Jesus hat in der Gemeinschaft mit seinen Jüngern zu Tisch gelegen. Gottesdienst meint also nicht die Stille ergriffener Anbetung. Es meint Gemeinschaftsdienst, gemeinschaftliche Erfahrung. Das griechische Wort „Leiturgia" – zusammengesetzt aus „laos" = Volk und „ergon" = Werk – bedeutet den Dienst der Verehrung, den wir Gott schulden. Liturgie heißt also: Werk des Volkes. Nicht Werk des Individuums. Die Erfahrung des christlichen Gottes – also die gemeinsame befreiende Feier der Gemeinschaft mit ihm und seiner Liebe –, das macht den eigentlichen Schatz des Sonntags aus. Er ist Kernzeit des Christseins.

Das allgemein Menschliche kommt dazu: das elementare Bedürfnis der Menschen, zur wirklich lebendigen Ruhe zu kommen und sich von der Hektik zu befreien, die uns die Woche über antreibt. Die besondere Qualität der Unterbrechung des Alltags macht den Sonntag entscheidend aus: Diesen Schatz sollten wir neu heben.

Die letzten Jahrzehnte ist viel getan worden, um den Gläubigen die Teilnahme am Sonntagsgottesdienst zu ermöglichen. Man hat ihnen gewissermaßen den Gottesdienst ans Bett getragen. In meiner Kindheit gab es am Sonntagvormittag nur eine Messfeier, um 9.00 Uhr. Die Menschen stapften selbst im Winter von den entlegenen Weilern bis zu zwei Stunden durch den Schnee. Es war eine echte Gemeindefeier mit vorausgehendem Rosenkranz, einer langen Predigt und einem vom Gemeindechor feierlich mitgestalteten Hochamt. Danach traf man die Männer beim Frühschoppen, auch den Pfarrer. Er wusste, was in seiner Gemeinde lief und brauchte keine künstliche Bürgernähe aufzubauen. Später kam für die Hausfrauen die Frühmesse um 7.00 Uhr dazu, damit sie mit dem Kochen des Sonntagsbratens fertig würden, danach – bedingt durch den neuen Arbeitsrhythmus der Industriearbeiter – die Halb-elf-Uhr-Messe, auch „Faulenzermesse" genannt, dann die Sonntagabendmesse und schließlich die Vorabendmesse am Samstag. Der Versuch, jedem die Teilnahme an einer Sonntagsmesse zu ermöglichen, ging zu Lasten des Gemeindebewusstseins und der Gemeindeerfahrung. Nicht zu reden von der Belastung des Pfarrers. Früher hatte er bei einer Messe zwei Kapläne, heute sind es fünf Messen und nur ein Pfarrer, der noch zwei ehemals selbständige Pfarreien mit betreuen muss.

Ich huldige keiner Nostalgie. Die Zeiten, als die Agrarwirtschaft unser Leben bestimmte, sind nun einmal vorbei. Selbst die Industriegesellschaft gehört zum großen Teil der Vergangenheit an. In einer Zeit der Anonymisierung und des Individualismus brauchen wir neue Wege, ein modernes Gemeindebewusstsein aufzubauen, das von der sonntäglichen Eucharistiefeier als zentraler Glaubensfeier ausgeht und in sie mündet. Gemeinden werden dann wieder zum Salz der Erde, des Zusammenhalts unserer Gesellschaft.

12 Hetzen, Schreiten, Zeit vertreiben

Ein Flughafen ist ein idealer Ort, um sich Gedanken zu machen – über die Menschen, über die Zeit und über das Leben. Wenn ich aus dem Flugzeug steige und in aller Gemütlichkeit zur Gepäckausgabe schlendere, sehe ich zu, wie meine Mitflieger auf die Förderbänder zuhasten. Es ist unglaublich. Alle sind am hetzen und rennen. Mein Eindruck ist: die empfinden das offenbar nicht so. Oder sie merken es nicht mehr. Und dabei wissen sie doch aus Erfahrung: Da vorne müssen sie doch wieder warten, ob sie nun schnell ankommen oder später.

Beim Abflug ist es nicht viel anders. Wenn es am Gate heißt: „In Kürze werden wir einsteigen" – dann stehen wie auf Kommando alle sofort auf und drängeln sich schon in die Schlange, als wollten sie erste werden oder als würden die Startplätze für ein Rennen vergeben. Auch alte Leute, die fast nicht stehen können. Dabei hat doch jeder von ihnen seinen reservierten Platz im Flugzeug, von Billigflug-Linien abgesehen.

Ich sitze dann immer noch und schaue zu.

Hetze ist ein Teil unserer modernen Gesellschaft. Rom, die Stadt in der ich lebe, ist ein Ort, an dem es permanent hektisch und turbulent zugeht. Im Rom der Antike war das gemächliche Gehen und Schreiten ein Zeichen von Freiheit und von Würde. Wer rannte, war ein Sklave. Man hatte ein Gefühl für die Würde der Langsamkeit.

Werner Sombart zitiert in seinem wirtschaftsgeschichtlichen Buch über den modernen Kapitalismus einen Unternehmer aus dem Florenz des 15. Jahrhunderts. Der meint, er habe noch nie einen fleißigen Menschen gesehen, der anders als langsam gegangen sei. Langsamkeit war einmal die Form der Festigkeit und Sicherheit, der Ausdruck von Stabilität.

Das ist vorbei. Den Menschen scheint diese innere Stabilität abhanden gekommen zu sein. Das Tempo der Welt ist heute global forciert. Nichts ist mehr so wie früher. Manager, die von einer Aufgabe innerlich getrieben sind, bewegen sich schneller als normale Arbeiter. Weltweit: Auch Asien ist keineswegs der meditative Kontinent, in dem die Menschen langsamer oder bedächtiger leben – auf den Straßen der asiatischen Großstädte überall das gleiche Bild: Die Japaner hetzen und drängeln und hasten, ebenso die Chinesen und Koreaner. Und fahren Sie einmal im indischen Kerala mit dem Bus oder dem Auto, dann erwecken Sie am besten gleich Reue und Leid.

Es gibt wissenschaftliche Untersuchungen, die die Geschwindigkeit beim Gehen messen und vergleichen. In Freiburg gehen die Menschen demnach auf der Straße langsamer als in Düsseldorf. Und wer einmal in New York gewesen ist und Griechenland kennt, den wird das Ergebnis einer wissenschaftlichen Untersuchung nicht verblüffen: Die New Yorker bewegen sich auf der Straße – verglichen mit der Bewegungsgeschwindigkeit griechischer Bauern – doppelt so schnell. Sie reden auch schneller, und sie sind im Mienenspiel beweglicher und insgesamt mobiler. Und dass Menschen in der Hamburger City schneller sind als Bauern, die ihrer Arbeit in einem natürlichen Rhythmus „nachgehen", verwundert ja auch nicht. Einem Allgäuer Bauern, dem pressiert's net arg, der sagt: Heute geht morgen auch noch weiter. Und auch ein oberbayerischer Bauer wird resistent sein gegen zu große Hetze. Bei Jungbauern mag es vielleicht etwas anders aussehen, aber auch da kommt die Resistenz: Kraft, Widerstand gegen eine unnötige Beschleunigung.

Es gibt Leute, die können nur noch rennen. Die können gar nicht mehr ruhig stehen. Ich hetze mich: das bedeutet, dass ich etwas schneller tun muss, als ich möchte. Und noch schlimmer: als ich kann. Was steht hinter der Hetze? Ich vermute Angst. Die Angst, nicht alles rechtzeitig unterzubringen in einer begrenzten Lebenszeit. Oder die Angst, zu kurz zu kommen. Vielleicht auch die Angst, bestraft zu werden von demjenigen, der mich anhält, etwas zu tun. Wenn ich selber in Eile bin und mich plötzlich jemand aufhält und mich zwingt, ihn anzuhören – reagiere ich vielleicht mürrisch. Aber im Grunde tut mir die Pause sogar gut.

Wobei im Österreichischen „eine Hetz'" etwas ganz anderes ist. Eine Gaudi, etwas zum Vergnügen: „Wia's kemma san die Deutschen", hat der Komiker Helmut Qualtinger, „mein Freund Karl", zum Einmarsch der Deutschen gesagt, „grad a Freud wars, mir ham uns ja gfreut, dass alle kemma san, net wahr. Was, des wollt's nimmer hören? Grad a Hetz war's!" In irgendeinem Wiener Kaffeehaus steht aber auch der Spruch „Ich lass mich nicht hetzen, ich bin doch nicht auf der Flucht", das ist sozusagen die zweite Seite der Medaille. Flucht geschieht ja aus Angst, dass einem Gewalt angetan wird. Unser Rennen, Hasten, Hetzen hat mit Angst zu tun.

Das Gefühl für die Würde der Langsamkeit ist in Zeiten der Hektik aus der Mode gekommen. Man sieht solche bewusste Langsamkeit noch in den Klöstern beim Einzug der Mönche. Schreiten ist der Gegenentwurf zur Hetze: Mönche schreiten zum Gottesdienst.

Im Schreiten nehme ich Raum ein, da finden auch Emotionen einen Raum. Wenn jemand rennt, habe ich das Gefühl, da ist Labilität und Unsicherheit. Angst eben. Würdevolles Schreiten ist nicht nur auf den sakralen Raum beschränkt oder allein für die Liturgie das Angemessene. Barocktänze wie Menuett oder Sarabande geben das noch wieder: Wenn die Tänzer miteinander einziehen, dann schreiten sie ja auch. Auch am Hof, wenn der König kam, übrigens. Darum bin ich etwas allergisch gegen allzu viel würdevolle Schreiterei. Wenn ich in die Kirche einziehe, dann in einem klaren und doch nicht zu schnellen Gang, gemessen und doch mit normalem, natürlichem Tempo.

Was für mich entscheidend ist: Würdevoll gemessenes Schreiten ist ein Ausdruck des Wissens, dass uns eine königliche Würde eignet. Wir Christen können aufrecht gehen, weil wir innerlich frei sind, wir haben unseren Wert nicht durch andere, die uns bestimmen und treiben, sondern in uns selber eine innere Würde. Das ist uns angemessen, das heißt, unsere Natur und Bestimmung. Wir bewegen uns harmonisch: „Gemessenes Tempo" gibt es nicht umsonst auch in der Musik.

Sich außerhalb des schnellen Takts der Zeitvorgaben zu stellen, die Zeit mit ihren außengelenkten Anforderungen einfach einmal beiseite zu lassen, sich lösen vom Getriebensein – das drückt überhaupt die Musik aus für mich in ihrem inneren Fluss. Die gregorianischen Gesänge verweilen beim Geheimnis, verzichten auf Eile. Es ist, wie wenn ein Maler seine Farben aufträgt.

Im letzten Jahr habe ich meinen Urlaub in der Nähe eines Sees verbracht. Jeden Tag, beim Morgenspaziergang um diesen See, sah ich die Gestalten anjoggen, die sich durch ihren Frühsport quälten. Da war vielleicht unter zwanzig einer, der normal gelaufen ist. Ich bin zwar kein Joggingfachmann, aber diese armen Gestalten waren getrieben von Gesundheitswahn oder Wellnesswahn. Sie haben mir echt Leid getan. Wenn die ein bisschen gelockerter gelaufen wären, es wäre ihnen sicher mehr bekommen als die ganze Besessenheit. Es sah zumindest eher gequält und getrieben aus.

Wir sind zu oft Getriebene. Und noch wenn wir Freizeit haben, muss sich „etwas rühren". Wenn Zeit anhält und uns in ihre Gegenwart nimmt, konfrontiert sie mich allerdings mit mir selber – und bringt mich zu mir selber. Wer davor Angst hat, sich mit sich selber zu beschäftigen, sich selber wahrzunehmen, der versucht, sich zu „zerstreuen". Die wenigsten können sich selber aushalten. Ich denke noch an meinen alten Prior, der gesagt hat, das Schwierigste für die Novizen ist es, zu lernen, sich aushalten zu müssen.

Wo die stillstehende Zeit als Langeweile empfunden wird, muss man sich die Zeit vertreiben: Wer in der Gegenwart lebt und die Zeit aushält, der muss nicht mehr hetzen. Der ist einfach schon *da*.

13 Ganz da sein –
Kern der Meditation

„Seltsam dieses Wort *die Zeit vertreiben*" sagt Rilke. „Sie zu halten wäre das Problem." Wie aktuell: Zerstreuung ist ein Grundübel unserer Zeit. Einfache und fromme Menschen haben früher gerne gebeichtet: „Ich habe unandächtig gebetet." Das ist ja eine häufige Anklage, gerade bei älteren Leuten, wenn sie in Gedanken ganz woanders waren. Das meine ich aber nicht, wenn ich sage: Unsere Kultur ist eine Zerstreuungskultur.

Konzentration, Aufmerksamkeit auf etwas werden immer schwieriger. Wer heute fernsieht, wird an diese Gleichzeitigkeit, die eigentlich Zerstreuung von Aufmerksamkeit ist, gewöhnt. Ob das Deutsche Welle oder CNN ist: Da laufen oben die Bilder und unten läuft schon eine zweite Information. Oben grüßt der Dalai Lama in Berlin und unten gleiten die neuesten Börsenkurse am Auge vorbei.

Und das bringt uns selber aus der Ruhe.

Zwar gibt es sie wirklich, die Fähigkeit, zwei, drei Dinge gleichzeitig zu tun. Manchmal ist das auch sinnvoll. Aber gegenüber einem Menschen, einem Mitmenschen in einem Gespräch, ist es ein ganz und gar unmögliches Verhalten.

Das ist übrigens auch der Kern der Meditation: *Ganz da sein*. Das ist natürlich weder einfach noch mit einer bestimmten Methode machbar. Wir Deutschen glauben, alles sei machbar. Irrtum. Manches muss wachsen, ganz organisch. Bildung eines Menschen zum Beispiel ist etwas, was langsam wächst. Mit der Meditation ist es nicht anders.

Ich werde immer wieder gefragt: Was ist benediktinische Meditation? Dahinter steht die Vermutung, das sei eine ganz bestimmte Methode, vielleicht sogar eine Art effiziente Anleitung. Das Gegenteil ist richtig. Es geht nicht um eine Methode, sondern um eine Lebensform. Um die Ausgewogenheit zwischen Gebet und Arbeit, um die im Wechsel zwischen der täglichen Arbeit und dem täglichen Chorgebet gewonnene Balance. Diese Balance, dieser Rhythmus, wenn man ihn jeden Tag lebt, wird natürlich auch „verinnerlicht", er geht immer tiefer in den Menschen hinein. Wenn einer seinen Weg als Mönch ernst geht, dann ist er nach 30 Jahren sicher anders, als er im Noviziat war. Das kann ich aber nicht mit einer Methode machen. Da hilft kein Kopfstand und kein Trick.

Ein Mensch, für den Aktivität und Gebet zusammengehören und der beides täglich ausübt, verändert sich durch die Kraft dieser Übung. Stille, die keine leere Stille und viel mehr als bloßes Nichtstun ist, passt durchaus zu einem aktiven Leben.

Es gibt eine Geschichte von einem jungen Novizen und seinem Novizenmeister: Der nicht gerade übertrieben eifrige Novize klagt, er habe noch nie die Stille kennengelernt, die der Novizenmeister empfiehlt. Die Antwort des Novizenmeisters: „Stille erfahren nur aktive Menschen."

Natürlich gibt es auch Meditations-Methoden, die man erlernen und einüben kann. Das Einzige, was solche Methoden einem beibringen können, ist, dass man ruhiger wird, vielleicht auch, dass man sich leichter konzentrieren kann. Aber ich denke, die Spiritualität eines christlichen Gesprächs besteht in einer tieferen Verankerung. Ihr „Ergebnis" besteht in dieser Haltung des Ganz-Daseins.

Gregor der Große bezeichnet die Kunst des Mönchseins als „bei sich wohnen können". Auch der Zen-Buddhismus kennt das: Wer Za-Zen übt, bleibt sitzen und achtet auf den Atem. Da bleibt die Zeit stehen, ich spüre im Atem ihre Präsenz und ihr Vergehen, aber empfinde das als etwas nicht Negatives, sondern gebe mich hinein in diesen Rhythmus der Natur, in den Rhythmus des Kosmos. Es ist geradezu eine Erfahrung der Entpersönlichung. Alle Vorstellungen und Regungen sollen ausgelöscht werden.

Im Christentum, auch in der christlichen Meditation, ist das in meinen Augen anders. Sie ist personale Beziehung. Für Christen ist das Höchste die individuelle Person, die aufgeht in Gott. Und Gott lässt mich nicht in ein Nirvana aufgehen, sondern bringt mich erst in meiner Person zur Vollendung. In ihm kann ich mich verankern. Er gibt mir meine Würde und meine Ruhe. Ich muss mich weder hetzen noch brauche ich mich hetzen zu lassen. Auch in dieser Gegenwart erfahre ich Ewigkeit.

Christliche Meditation ist also nichts zur Steigerung eigener Fähigkeiten. Sie ist immer auf Gott und auf den Menschen bezogen. Manche sagen mir, du bist zu gegenständlich, wenn du Meditation so siehst. Ich kann da nur antworten: Die Liebe ist und bleibt gegenständlich. Sie geht auf einen anderen Menschen. Und das Zentrum des Christentums ist wirklich die Liebe. Und das hat Konsequenzen im Umgang miteinander. Zu einer solchen Haltung gehört zum Beispiel einfach dazu, zu sagen: Jetzt ist alles andere nebensächlich. Ich bin nur für dich da. Erst mit einer solchen Einstellung bin ich frei für den anderen. Ich muss mich bewusst frei machen für den anderen. Ich muss mir die Zeit nehmen. Meinetwegen auch die Zeit dafür stehlen.

Solche völlige Präsenz in der Zuwendung dem anderen gegenüber zeigt: Wir können mitten in der Zeit eine ganz andere Qualität der Zeit erleben. Das ist nicht die Normal-

Zeit, eingeteilt in Stunden und Minuten. Es ist eine Ewigkeitserfahrung.

Wie kann ich diese Ewigkeitserfahrung erklären?
Ich kann es nicht.
Ich kann auch keinem den Unterschied von Rot und
Grün erklären.
Ich kann vielleicht die Wellenlängen erklären, aber nicht
die Qualität der Farbe. Die muss man sehen.
Und so kann man auch diese Ewigkeitserfahrung nicht
erklären.
Man kann das nur erfahren.

14 Präsenz: Glück ist, wenn die Zeit still steht

In Arthur Millers Stück: „Der Tod eines Handlungsreisenden" gibt es eine Szene, an die ich mich noch heute erinnere, obwohl es schon sehr lange her ist, dass ich die Inszenierung gesehen habe. Die Szene ereignet sich gleich im ersten Akt. Willy Lomann, der Held, spricht mit seiner Frau Linda und gleitet während des Gespräches in die Erinnerung an eine andere Frau ab. Er ist mit seinen Gedanken und seinen Gefühlen abwesend, während er mit Linda spricht. Während des Gesprächs sieht man jemanden im Hintergrund auf- und abgehen: Die andere Frau, bei der seine Gedanken eigentlich sind, ist im Hintergrund bereits sichtbar. Sie ist es, die für ihn wirklich präsent ist.

Diese Szene hat mich damals verstört. Inzwischen ist mir klar, dass dies ein Merkmal und eine Krankheit unserer Zeit ist: Ich denke an einen Cartoon aus dem „New Yorker". Da sieht man einen Mann hinter dem Schreibtisch sitzen. Aus seinem Kopf steigt eine Gedankenblase auf: Er stellt sich vor, wie schön es jetzt beim Golfen sein könnte. Dann das nächste Bild: Er ist beim Golfen. Wieder eine Gedankenblase: Er denkt an eine Frau. Und das nächste Bild. Er liegt er im Bett mit einer Frau zusammen – und in seinem Kopf ist in diesem Moment das Bild vom Schreibtisch ... Er ist nie da, wo er eigentlich ist und wo er sein sollte. Er ist immer irgendwo anders, statt innezuhalten und präsent zu sein.

Vielleicht hat mich die Szene aus Arthur Millers Stück deswegen so verstört, weil mir dabei etwas bewusst wurde: Es ergeht mir selbst manchmal so. Diese Form der Unachtsamkeit ist mir selbst immer wieder passiert: Ich habe mit jemandem gesprochen – und war doch in Gedanken woanders. Es ist gut, wenn dann da jemand ist, der einem die Wahrheit sagt: „Du bist doch überhaupt nicht hier." Man ist da und hört doch nicht zu und kriegt gar nicht mehr mit, was der oder die andere sagt. Ich bin da durchaus schon sehr deutlich in den Senkel gestellt worden. Gerade Frauen sind da sehr sensibel. Das gilt selbst bei einem Telefonat, wenn ich nebenbei in die Zeitung blicke. Das kann hart sein. Aber es ist gut, dass es so ist.

Zuwendung ist das Entscheidende, wenn man miteinander wirklich im Gespräch ist. Gespräch ist miteinander verbrachte Zeit. Man darf, wenn man mit jemandem zusammen ist, nicht irgendwo anders sein. Präsenz ist etwas, das mit allen Sinnen passiert. Darin liegt auch der Sinn: dass ich ganz *da* bin. Es ist kein Raum mehr für anderes. Das und nichts anderes meint: *Zuwendung.* Es gibt Leute, die bügeln und hören Radio und übersehen gleichzeitig noch alles, was auf der Straße los ist. Andere können gleichzeitig lesen und Musik hören. Solches Multitasking ist hier nicht gemeint. Ein Jugendlicher vor seinem Computer kann natürlich auch in einem Killer-Spiel absolut „präsent" sein, so sehr, dass er sich darin verliert. Aber auch das ist nicht gemeint. Das ist eben gerade keine erfüllte Zeit.

Sich dem anderen unabgelenkt zuzuwenden ist ein Akt der Höflichkeit, aber doch noch mehr und auch noch etwas anderes: Es hat auch eine spirituelle Komponente und einen Ernst jenseits der Konvention. Spirituell ist zwar ein Begriff, mit dem man sehr vorsichtig sein sollte, aber irgendjemand hat gesagt, die wahre Lebenskunst bestünde darin, im Alltäglichen das Wunderbare zu sehen. Vielleicht ist das mit spiritueller Qualität der Zuwendung und der Präsenz gemeint: dass mitten im Geschehen die Zeit still steht.

Es gibt diese intensiven Momente, in denen man so sehr beim anderen oder bei einer Sache ist, dass man die Zeit vergisst und das Gefühl hat, sie stünde still. Man ist einfach gegenwärtig. „Ewigkeit ist, wenn es nicht mehr an Gegenwart fehlt". Besser als der Philosoph Boethius kann man es nicht sagen.

Wenn ich einen Menschen wirklich liebe, dann kann es dennoch sein, dass mich gleichzeitig irgendwelche anderen Sorgen bedrücken oder ein Termindruck über allem schwebt. Aber wenn dieser Mensch bei mir ist, dann zählt nichts anderes. Alles Übrige muss dann jetzt stehen bleiben. Wenn ich nicht diese Einstellung mitbringe, darf ich mich dem anderen nicht zuwenden. Halbe Zuwendung geht nicht.

Dem anderen Menschen Zeit schenken heißt, ihn wirklich ernst zu nehmen. Das ist nicht die Knigge-Höflichkeit in dem Sinne, dass ich nicht aus dem gesellschaftlichen Rahmen falle. Bei konventioneller Höflichkeit oder im Rahmen einer gesellschaftlichen Konversation, kann es immer einmal passieren, dass ich Themen ausspare, die an sich wichtig wären. Bei einem echten Gespräch dagegen steht immer die Wahrheitsfrage im Raum. Da geht es auch um die Frage nach meiner eigenen Wahrhaftigkeit. Ich darf mein Gegenüber natürlich mit der Wahrheit nie erschlagen. Aber wenn ich ihm die Wahrheit vorenthalte, dann nehme ich ihn nicht ernst, dann traue ich ihm nichts zu. Die Wahrheit auszusprechen gibt einem echten Gespräch Gewicht. Und ein solches Gespräch braucht den Raum des Vertrauens. Und das braucht Zeit.

Es gibt den Spruch: Time is money. Zeit ist Geld. Ein Zeitforscher hat diesen Spruch umgewandelt und gesagt: Time is honey. Zeit ist so wie Honig, wenn sie mit Menschen verbracht wird. Sie fließt dann langsamer, sie wird süß, sie ist ein Genuss. Zeit mit anderen Menschen zu haben ist in der Tat eine der schönsten Sachen, die ich mir vorstellen kann: Sich bei einem guten Essen und einem guten Glas Wein auszutauschen und zu erzählen. Wenn nichts auf dem Tisch steht, ist es natürlich auch kein Problem. Es gilt sowieso: lieber nichts als ein schlechtes Essen. Einen guten Wein trinkt man ja auch mit Bedacht und in Ruhe. Im Wein wird schließlich auch Zeit aufbewahrt. Auch in einem Menschen, der mir mit seiner Geschichte gegenübersitzt, ist Zeit gegenwärtig. Aber es ist gar nichts notwendig, der Mensch ist wichtig. Und das ist unglaublich schön, für den anderen Zeit zu haben und für ihn da zu sein.

Ich kann doch zu einer Freundin, zu einem Freund nichts Schöneres sagen als: Du, lass die Zeit verstreichen, wichtig bist *Du*. In Büchners Komödie „Leonce und Lena", einem Stück über die Liebe, heißt es: „Wir lassen alle Uhren zerschlagen, alle Kalender verbieten und zählen die Stunden und Monde nur noch nach der Blumenuhr, nur nach Blüte und Frucht." Nicht auf die Uhr zu schauen, sich nicht unter ein äußeres Diktat zu stellen, ist ein Symbol der Liebe. Eigentlich aber auch ein Symbol der Zuwendung zu jedem Menschen. Ich habe zwar auf dem Schreibtisch und im Bücherregal kleine Uhren stehen, um unauffällig darauf blicken zu können und durch das Gespräch nicht andere Verpflichtungen zu übersehen. In Wirklichkeit schaue ich aber doch nicht drauf. Ich vergesse es einfach.

Einem Kranken, einem pflegebedürftigen Menschen gegenüber kann man nicht jede einzelne Minute abrechnen. Zuwendung ist nicht mit der Stoppuhr zu messen und Pflege geht nicht nach dem Fließbandprinzip. Das Zeitmaß menschlicher Zuwendung ist ein Seelenmaß. Ihr Kriterium ist das Herz. Keineswegs ist man dabei immer nur der Gebende. Im Gegenteil. Ein Schlüsselerlebnis war: als ich zu einem kranken Mitbruder ging, mit dem mich eigentlich überhaupt nicht viel verband. Er galt als schwierig. Ich hatte mir vorgenommen, nicht lange zu bleiben, es war so eine Art Pflicht- oder Routinebesuch. Und auf einmal, ich war schon dabei, mich zu verabschieden, da fragte er mich: Hast du noch zwei Minuten Zeit? Natürlich hatte ich die. Aus diesen zwei Minuten sind zwei Stunden geworden. Ein ganzes Leben hat sich aufgetan. In diesen zwei Stunden hat sich mir mein Mitbruder als Mensch geöffnet wie er das nie zuvor getan hat. Und da passierte wieder das, was das Geschenk der geschenkten Zeit ist. Ich selber bin als der Verwandelte aus diesem Gespräch herausgegangen. Es war wie eine kopernikanische Wende für mich. Seit diesem Tag weiß ich definitiv: Wenn man sich auf den anderen einlässt und sich Zeit nimmt, bekommt man zurück, was sich nicht in Zeitquantitäten messen lässt. In diesen Momenten darf ich nicht auf die Uhr schauen. Wenn der andere da ist, ist er da.

Mir ist es völlig gleichgültig, wenn ich darüber auch einmal etwas verpasse, was angeblich ganz wichtig ist. Natürlich kommt das auch vor. Ich habe zwar bisher sehr selten mal einen Termin versäumt, aber wenn es mir wirklich mal passiert, dann sag ich halt: „Na ja." „Es wär so schön gewesen, es hat nicht sollen sein" – heißt es am Schluss von Hebbels Stück „Agnes Bernauer".

Besucher sagen mir gelegentlich: „Man hat den Eindruck, du hast alle Zeit der Welt."

Meine Antwort ist dann: „Jetzt bist *du* wichtig und sonst niemand."

Dass mein ganzer Schreibtisch voll Arbeit liegt, ist eine andere Sache. Aber das ist im Moment nicht so wichtig. Dann muss ich eben meine Prioritäten neu sortieren. Und mich beim Beantworten meiner E-Mails etwas kürzer fassen.

15 *Der rechte Augenblick*

Am Beginn der Regel des Heiligen Benedikt heißt es: „Höre mein Sohn auf die Worte deines Meisters und neige das Ohr deines Herzens." „Herz" steht für Empathie. Es ist Organ der Einfühlung in den anderen. Es meint aber auch Achtsamkeit für das, was das Gesetz Gottes ist und dafür, wie es in einer konkreten Situation angewandt werden muss. Die Achtsamkeit für den anderen, die Achtsamkeit für den Moment sowie die Verbindung von beidem im Gespür für den rechten Zeitpunkt des Handelns gehören zusammen.

„Der Abt zeige das Gespür für den rechten Augenblick." So steht es im Kapitel über die Aufgaben des Abts. Benedikt geht davon aus, dass die Menschen verschieden sind und dass man ihre Besonderheit berücksichtigen muss, wenn man Menschen führt. Wenn man seine Regel liest, kann man eine Vorstellung davon bekommen, welche Männer in seiner Gemeinschaft lebten: Hartnäckige, trübsinnige und verbockte Leute waren darunter, ja auch solche, die anderen nach dem Leben getrachtet haben. Mit jedem, so Benedikt, soll der Abt behutsam und individuell umgehen. Dem Willigen rede er gut zu, den anderen muss er vielleicht etwas härter anfassen und dem Unverbesserlichen zeige er durch sein eigenes Beispiel, wie es geht. Viele Äbte, die heute über die Mitglieder ihres Konvents jammern, wären still und zufrieden, wenn sie sich dieses Panoptikum vorstellen würden: das pralle Leben. Alle gilt es in gleicher Weise zu achten und zu lieben.

„Ein Wort zur Unzeit ist ein Braten ohne Salz." Jesus Sirach sagt das, in der Weisheit des Alten Testaments. Wer je eine fade oder eine versalzene Speise probiert hat, weiß, was damit gemeint ist. Wer den Satz umdreht, hat ebenfalls eine Botschaft: Den rechten Augenblick wahrzunehmen und zu nutzen, das gibt dem Leben erst die Würze.

„Für das Tun gibt es auch eine bestimmte Zeit", heißt es schon bei Kohelet. Aber was der rechte Zeitpunkt ist, das kann man nicht per Dekret von außen bestimmen. Es hängt immer von der konkreten Situation und von der individuellen Verfassung, von den Möglichkeiten, vom Willen und den Absichten des einzelnen Menschen ab.

Wie wichtig der rechte Zeitpunkt ist, habe ich bei einem unserer Zivildienstleistenden erlebt. Seine Oma war die letzten zwei Jahre schwer krank gewesen und hatte am Leben gelitten. Eine ärztliche Untersuchung ergab, dass der Krebs schon im letzten Stadium war. Weil ich spürte, wie wichtig diesem jungen Mann seine Oma war, sagte ich zu ihm: „Fahr nach Hause." Er ist nach Hause gefahren, nach Berlin, und konnte bei ihrem Tod dabei sein. Sie war auf einer Palliativ-Station, ohne Schmerzen und hat ihm noch jeden Tag am Klavier etwas vorgespielt. Nach einer Woche konnte sie sterben – weil der Enkel da war.

Wenn es um den rechten Augenblick geht, muss man oft schnell handeln. Manchmal muss man aber auch warten können. Aber dieses Warten ist eine Form des Bereitseins, des Wachseins, es ist kein passives Abwarten. Die Kunst zu führen besteht nicht in ständigen Interventionen, sondern darin, dass man achtsam ist, dass man präsent oder „in der Nähe" der Menschen ist, wenn sie einen brauchen – und dass man dann den rechten Zeitpunkt erkennt, wenn man tatsächlich gebraucht wird. Natürlich spreche ich mit den Leuten, rede, aber ich muss warten bis der Augenblick kommt, wo ich wirklich gebraucht werde.

Wenn der Zeitpunkt dann da ist, darf man nicht auf die Uhr schauen und auf den nächsten Termin schielen, nein, dann muss alles stehen bleiben.

Achtsam sein ist die Form dieser Bereitschaft. Bei den Kindern muss man zuwarten und zusehen können. Aber wenn sie eine Not haben, dann brauchen sie *jetzt* Zuwendung und das Problem, das sie bedrängt, muss jetzt *sofort* geklärt werden und nicht erst übermorgen.

Das war immer so: Wenn einer zu mir kommt, und mir sagt: „Hast du gerade eine Sekunde Zeit?", und ich spüre, es ist wirklich eine für ihn wichtige Sache, aber es geht gerade beim besten Willen nicht, dann ist es wichtig, zumindest einen Zeitpunkt – noch heute oder morgen – festzumachen. Dass es im Moment gerade nicht immer geht, das sieht jeder ein. Aber das Problem ist *heute* da, vielleicht noch morgen. Die Lösung oder Klärung über diesen engen Zeitrahmen hinaus aufzuschieben, das kann zu spät sein. Da hat sich die Sache möglicherweise schon verhärtet. Man kann zwar Dinge manchmal verrauchen lassen. Und manchmal ist es auch genau das Richtige, eine Nacht über etwas schlafen zu können. Aber einfach darüber hinweggehen sollte man nicht, wenn es „an der Zeit" ist.

Es gibt eine schön formulierte und sehr menschenfreundliche Einsicht aus der Mönchsüberlieferung. Schon für den alten Mönchsvater Cassian, dessen Denken Benedikt mit geprägt hat, war das nämlich entscheidend. Auch er geht von Kohelet aus: Alles hat seine Zeit. Damit will er aber Folgendes sagen: Nichts ist abstrakt zu bewerten. Nichts ist immer und alle Zeit festgelegt. „Alles kann sich, je nachdem, einmal als gut, einmal als schlecht erweisen. Es ist also weder gut noch böse seinem eigenen Wesen nach." Dahinter steckt auch ein großes Vertrauen in und eine enorme Sympathie für Menschen. Keiner wird von vorneherein verurteilt: „Aus einem räuberischen An-sich-Reißer", sagt Cassian, „kann einer werden, der loslassen kann, aus einem Überverfeinerten kann sich einer entwickeln, der Schwierigkeiten durchsteht."

Benedikt sagt es aus einem ähnlichen Gedanken heraus: Es ist nicht ins beliebige Ermessen, sondern in die Klugheit oder in die Wahrnehmungsfähigkeit des Einzelnen gestellt, die besondere Qualität eines Augenblicks zu sehen und den rechten Zeitpunkt zu erkennen. Ich muss etwa wissen, wann der andere die Wahrheit erträgt. Und ich muss wissen, wann ich sie ihm zumuten muss. Es ist auch nicht richtig, wenn ich dem anderen nichts zutraue, ich muss ihm auch etwas zumuten können.

Nichts ist für immer festgelegt, vieles ist möglich. Darauf gilt es zu achten. Die Griechen nannten den rechten Augenblick den „Kairos". Das ist genau das, was man durch Zeitmanagement nicht hinbekommt. Es ist Achtsamkeit auf das, was ist und was not tut, die zum „rechten Augenblick" führt.

Es gibt die rechte Zeit oder die verkehrte Zeit. Ich kann jemanden zum falschen Zeitpunkt zu fest anpacken. Außerdem kann ich nicht alles zu jeder Zeit sagen.

Entscheidend ist: Es geht immer um das Wohl des Menschen. Dafür muss der Abt sorgen und dabei wissen: Der Mensch ist nicht um der Regel willen da. Sie situativ anzuwenden ist die eigentliche Aufgabe der Führung.

Die konsequente Entscheidung für das Wohl des Menschen zeichnet eine gute Führung aus. Das gehört auch zu dem, was ich von einem guten Manager erwarte: Souveränität und Gespür für den richtigen Augenblick. Eine Führungskraft muss, und kann, viele Dinge laufen lassen, weil sie weiß, dass andere diese Dinge erledigen. Wer führt, muss den Überblick haben und spüren, wann er selbst gefragt ist. Er muss nicht alle Kleinigkeiten kontrollieren. Er muss aber wissen: Er ist nicht der Wichtigste. Andere sind auch wichtig und manche fühlen sich zu besonderen Aufgaben berufen. Diesen Menschen muss man die Möglichkeit geben, sich zu beweisen. Meist machen sie sich dann auch gut. Führen heißt Leben im anderen wecken und Entfaltung möglich machen.

Für viele Großmanager steht nicht mehr das Wohl der Menschen im Vordergrund, sondern das schnelle und effiziente Handeln. Durchsetzungsfähigkeit und Härte heißen die Tugenden. Viele Manager konzentrieren sich nur auf die rein organisatorischen und finanziellen Fragen. Wie es den Menschen geht, ist zweitrangig. Wer keinen Bezug zu den Menschen hat und nicht mehr die unmittelbaren Auswirkungen sieht, der verliert das menschliche Maß.

Benedikt sagt in seiner Regel – im Kapitel über die Einsetzung und den Dienst des Abtes: „Er sei nicht stürmisch und nicht ängstlich, nicht maßlos und nicht engstirnig, nicht eifersüchtig und allzu argwöhnisch, sonst kommt er nie zur Ruhe."

Das Gespür für den rechten Augenblick kann durchaus auch heißen: Grenzen setzen. Das heißt: ein Gespür dafür zu entwickeln, wann man sich nicht in Beschlag nehmen lässt. Wann man Probleme da lässt, wo sie hingehören. Auch das gehört zum rechten Umgang mit der Zeit. Vielleicht gehört es sogar zum Zeitmanagement, dass man sich auch nicht jeden Schuh anzieht. Auch wenn mir manche Leute etwas zuschieben wollen, Leute, die wieder alles „nach Oben" delegieren wollen, oder von mir einfach verlangen, dass ich mich in einer Sache engagiere, dann scheue ich mich nicht, zu sagen: Nein, das ist Deine Verantwortung. Ich sage das nicht, um Zeit zu gewinnen. Ich gewinne damit keine Zeit, aber ich lasse mich nicht auf alles ein. Das ist ein Wesensmoment des Subisidiaritätsprinzips.

Für jeden von uns gilt die biblische Weisheit: Es gibt die rechte Zeit für jedes Geschehen und für jedes Tun. Die Kunst besteht einfach darin, wahrzunehmen, was wann und für wen das Rechte ist. Und sich dann in die Pflicht nehmen zu lassen.

So einfach ist das.
Und so wichtig im Leben wie das Salz in der Suppe.

16 *Vom Warten, von der Ungeduld und der Geduld*

Ich habe das Warten gelernt.

Meist auf Flughäfen.

Wer so viel auf Flughäfen herumsitzen muss wie ich, der lernt bald, was das heißt: Die Zeit davonlaufen sehen. Wenn zum Beispiel der Flieger Verspätung hat. Oder wenn man für eine geschlagene Stunde im Flugzeug sitzt, ohne dass etwas geschieht. In solchen Situationen werde natürlich auch ich ungeduldig. Manchmal möchte ich am liebsten mit den Zähnen knirschen.

Aber dann komme ich schnell zu dem Punkt: Machen kann man eh nichts.

Also gelassen bleiben.

Nicht aufregen.

Ganz ruhig werden.

Das ist das Wichtigste: wenn man zum Warten gezwungen wird, sich zu sagen: Machen kann ich sowieso nichts.

Einmal bin ich in einer solchen Situation vor dem Abflug auf dem Pariser Flughafen dem damaligen Kardinal Ratzinger begegnet. Unser Flieger hatte mehr als eine Stunde Verspätung. Er und sein Begleiter hatten ein Buch herausgezogen und gelesen, ich setzte mich in eine andere Ecke. Ich wollte ihn nicht stören – und will in einer solchen Situation auch selber nicht gestört werden. Wir warteten also. Irgendwann sind wir aber dann schließlich doch in Rom angekommen. Nach der Landung standen wir am Gepäckband, und das dauert in Rom immer sehr lange. Da kam mein Koffer endlich. Zuerst. Und ich sagte: „Eminenz, schauen Sie mal, mein Koffer ist schon da. Wissen Sie, ich muss so viel fliegen, wenn Sie wüssten, wie viel Zeit ich schon gewartet habe! Aber jetzt habe ich endlich auch den Grund, weshalb ich wieder an den Ablass glaube. Ich hoffe sehr darauf, ja ich rechne fest damit, dass mir die ganze Zeit, die ich in meinem Leben auf Flughäfen verwartet habe, einmal von meinem Fegefeuer abgezogen wird."

„Das ist aber eine sonderbare Theorie." Meinte er.

Und ich darauf: „Aber eine gute!" Und grinste.

Es hilft nichts. Wenn es nicht anders geht, muss man dem Warten einfach etwas Gutes abgewinnen. Da war zum Beispiel dieser Versuch eines Fahrkartenkaufs, damals in China. Man hat sich also in eine Schlange vor den Schalter gestellt – und gewartet. Und gewartet. Und dann endlich kommt man dran. Und wenn man jetzt seinen Fahrschein verlangt, heißt es: „Für Ausländer? Einen Stock höher!"

Also hinauf, wieder hinten angestellt. Kommt man dann vorne an, heißt es: „Ach so, ihr habt nur das Devisengeld? Da müsst ihr da vorne hingehen."

Und wieder das Gleiche von vorn.

Was soll man da tun? Damals konnte man dort noch überall Pfeife rauchen. Und das war auch hier wieder meine Rettung. Denn mit einer Pfeife kann ich wunderbar warten: Ich schaue dem Rauch zu und freue mich an der ständigen und ruhigen Bewegung. Es gibt nichts Schöneres.

Und wenn man da sitzt, in einem Warteraum etwa, und beobachtet, wie auch die anderen hereinkommen und ihrerseits warten, da bleibt auch irgendwie die Zeit stehen. Zumindest verlangsamt sie sich. Das ist herrlich. Dann kann ich stundenlang warten. Seitdem das Rauchen auf Flughäfen nicht mehr möglich ist, hilft nur noch das Beten. Wenn ich jetzt eine halbe Stunde oder länger draußen am römischen Flughafen Fiumencino bin, vor der Sicherheitskontrolle in einer langen Schlange stehe und niemanden habe, mit dem ich mich unterhalten kann und auch nichts tun kann, dann greife ich einfach zum Rosenkranz. Fromme Leute werden sagen: Endlich!

Warten hat ein doppeltes Gesicht.

Es gibt ein leeres, ohne rechtes Ziel, ohne Vorfreude und ohne Hoffnung.

Aber auch ein erfülltes Warten kann es geben. In der Tradition der Mönche hat das Warten einen solchen Sinn. Die Eremiten in der Wüste, die unter unwirtlichsten Umständen ausharrten, warteten nicht auf die Erfüllung eines bestimmten Wunsches oder das Erreichen eines konkreten Ziels. Ihr „Harren auf Gott" ist etwas, das sie freimachte von eigenen Erwartungen und ihr Herz öffnete für den, der „größer ist als unser Herz". Da war in dem Warten also schon Erfüllung anwesend und wirksam.

Und es gibt ein schönes Warten: Wenn Kinder etwa in der Adventszeit auf das Christkind warten oder sich im Frühling auf den Osterhasen freuen. Auch wenn das Geschenk an Weihnachten letztlich vielleicht nicht ganz den Erwartungen entspricht – die Vorfreude der Erwartung kann einem keiner mehr nehmen.

Oder wenn jemand auf seine Freundin wartet. Diese freudige Anspannung, die in der Vorwegnahme ihres Ankommens schon im Warten enthalten ist. Vorfreude ist etwas Wunderbares. Wenn die Mutter mit dem kleinen Kind auf dem Arm am Flughafenempfang steht, und der Papa kommt hinter der Absperrung heraus, und der Kleine zappelt schon vor Vorfreude – das ist so etwas Schönes, da schaue ich gerne zu und freue mich mit. In einem solchen Warten auf einen anderen passiert und erfüllt sich auch Beziehung. Der andere ist ja schon gegenwärtig, indem ich mich nach ihm sehne. Das ist die Freude im Warten.

Man muss auch etwas erwarten können und nicht alle Lust sofort erfüllen, dann ist der Genuss umso größer. Schön ist auch, wenn man wandert und geht auf eine Wirtschaft zu. Auch das ist etwas Wunderbares. „Bier wird durch Durst erst schön" verkündete einmal eine Werbung, und der kluge Montaigne hat einmal gesagt, wer nicht wartet, bis er dürstet, der wird am Trinken auch keinen Geschmack finden. Lust ist der Lohn der Askese. Und oft steigert das Warten auch die Motivation. Ich gehe zum Beispiel auf einen Berg zu und sehe den Gipfel. Der Aufstieg liegt noch vor mir, aber der Weg nach oben ist schon ein Teil des Ziels. Es ist dann schon eine Art Ankommen, auch wenn es noch lange dauert. Ich freue mich schon von der Ferne aus, wenn ich das sehe. Das Erwarten ist dann bereits ein Teil des Ziels. Überhaupt ist ein wichtiges asketisches Mittel, die Befriedigung des Verlangens hinauszuzögern. Denn das macht uns wieder besonnen und frei. Cäsar pflegte erst auf 20 zu zählen, bevor er reagierte.

Mit dem Warten hängt die Geduld zusammen. Wenn man mich fragt: Kann man Geduld lernen? Dann antworte ich: Die einen besitzen sie von Natur aus und den anderen wird sie beigebracht. Aber üben kann man sie. Jemand hat einmal gesagt, man braucht viel Geduld, um Geduld zu lernen. Aber wer sich in Geduld übt, dem fällt es wahrscheinlich auch immer leichter, geduldig zu sein. Wer als Kind immer schon warten musste und nicht jeden Wunsch sofort und unmittelbar erfüllt bekam, der wird diese Tugend in schwierigen Lebenssituationen leichter beherrschen.

Alles gleichzeitig und zwar sofort zu wollen, ist eine Haltung, die heutzutage verbreitet ist. Aber im Leben wird man damit nicht weit kommen. Geduld haben, das heißt: Nicht immer alles sofort haben wollen. Warten können und Geduld haben heißt auch: zunächst einmal verzichten können. Wie wollen wir die Kinder zum Verzicht erziehen? Vor den Preis haben die Götter den Schweiß gesetzt. So haben wir es in der Schule gelernt. Das ist uns nicht schlecht bekommen. Wenn ein junger Mensch im Leben bestehen will, muss er lernen, zu verzichten. Das war ein Fehler der 68er: Sie wollten die Kinder so erziehen, dass sie nie eine Frustration erleben mussten. Aber Frustration und Enttäuschung gehören zu jedem Leben. Das Entscheidende ist, dass man, wenn es schwierig wird, nicht gleich die Flinte ins Korn wirft.

Geduld heißt, zusehen zu können, wie die Zeit verstreicht, ohne frustriert oder aggressiv zu werden. Geduld heißt, etwas aushalten und ertragen zu können – und sich zu sagen: Dahinten kommt aber das Ende. Warten wird erträglich, wenn man weiß, dass die Zeit vieles bringt.

Das heißt aber nicht nur, dass man die Hände in den Schoß legen kann, das gerade nicht. Und es heißt auch nicht einfach: auf den Erfolg warten. Man muss schon etwas tun, während man auf den Erfolg wartet. „Worauf warten wir?" – das ist der Startschuss für zielgerichtete Aktivität.

Geduld haben, sich Zeit lassen bedeutet also nicht: nichts tun, bis andere statt meiner handeln. Sich Zeit lassen, heißt warten können, um eine Entwicklung möglich zu machen. Aber es heißt nicht: die Hände in den Schoß legen. Geduld bedeutet: Wachsen lassen können. Und es meint gerade nicht Untätigkeit. Aufmerksamkeit, Wachsamkeit, Fördern – all das ist mit Geduld verbunden.

Dass Geduld eine göttliche Tugend ist, wissen wir aus der Bibel. Im Alten Testament ist Gott der Langmütige, der Geduldige, der Barmherzige und wird damit dann zum Vorbild für den Menschen in der Treue. Und im Neuen Testament erzählt Jesus das Gleichnis von dem Bauern, der aussät und der das Unkraut, das ihm jemand zwischen das Getreide gesät hat, nicht gleich ausrottet. Weil Gott mit uns Geduld hat, sollten auch wir nicht zu voreilig sein, wenn es darum geht, von anderen das Beste sofort zu verlangen. Wir sollten, auch wenn es Zeit kostet, dem anderen Raum geben, sich selber zu entfalten und seinen Weg zu suchen.

Die Geduld hat auch Schwestern: die Ungeduld und die Sehnsucht.

Ungeduld ist nicht nur die zappelige Nervosität, die das Gegenteil von Gelassenheit ist. Es gibt auch eine schöne Ungeduld. Wenn man jemanden zum ersten Mal sehen soll, den man schon länger gern gesehen hätte, dann kann man es nicht mehr erwarten. Ja, auch eine heilige Ungeduld gibt es, wenn die Zeit lang wird.

Sehnsucht ist etwas Besonderes. In Bayern sagt man, man hat „Zeit lang": „Ja, ich hab' echt Zeit lang nach dir gehabt" heißt: Man sehnt sich nach jemandem. Das ist etwas anderes als Langeweile.

Sehnsucht gehört zum Leben wie das Warten auf die Erfüllung. Aber Langeweile zu haben, das ist etwas ganz anderes.

Das ist mir in meinem Leben noch nie gelungen.

Nicht einmal in der Schulzeit.

„Warten wir's ab", war schon damals nicht meine Devise. Und noch heute ist die Frage, wenn ich sehe, dass es etwas zu tun gibt, eher: Worauf warten wir?

17 *Wenn die Zeit zur Hölle wird*

Es gibt ein Warten, das ohne Perspektive ist. Ich verbinde es mit der Erfahrung der Nacht. Dass die Nacht natürlicherweise als Bedrohung und Gefahr erfahren wird, wissen wir oft gar nicht mehr in einer Welt, die die Nacht zum Tag gemacht hat. Die Nacht ist in vielen Teilen der Welt, wo die technischen Mittel fehlen, um die Dunkelheit zu vertreiben, bis heute keine gute Zeit. Es ist die Zeit ohne Licht und Wärme. Die Zeit, in der das Leben zurückweicht, wo keine Farben mehr sichtbar sind, wo das Gefüge und die Ordnung der Welt zu verschwinden scheinen.

Von dieser urmenschlichen Erfahrung erzählt auch die Bibel: die Mächte der Finsternis bedrohen den Menschen. Es ist nicht nur eine Erfahrung der vormodernen Zeit. Im Nachtgebet der Mönche trägt der Lektor aus dem 1. Petrusbrief vor: „Seid nüchtern und wachsam! Euer Widersacher, der Teufel, geht umher wie ein brüllender Löwe und sucht, wen er verschlingen kann. Ihm widersteht fest im Glauben."

Ich weiß, wovon ich rede: Da liegt man krank im Bett, und die Nacht will und will nicht vorwärts gehen. Ich weiß, wie es ist, wenn man sich herumwälzt und nicht schlafen kann. Wenn man alle Viertelstunden zählt und immer noch und immer wieder, und es geht nicht vorwärts. Jeden Glockenschlag hört man. Bedrückende, schwarze Unendlichkeitszeiten. Man wartet und weiß doch, das Warten verläuft ergebnislos.

Und in einer solchen Nacht der dunklen Gedanken hilft es auch nicht, Schäfchen zu zählen. Wer versucht, auf 1000 zu zählen, wird bald wieder seinen Gedankenketten nachhängen. Und da hilft auch alles Rosenkranzbeten nichts. Ich kann ja nicht 376 Rosenkränze hintereinander beten.

So stelle ich mir die Hölle vor, oder zumindest das Fegefeuer: eine Nacht, deren Ende man herbeisehnt und die einfach nicht vergeht. Jean-Pauls Sartres Existentialistendrama „Hinter verschlossenen Türen" beschreibt Menschen, die nur unter sich sind und die sich gegenseitig zerfleischen. Für mich ist das vergleichbar mit dieser unaufhörlichen, nicht verrinnen wollenden Zeit eines einsamen Kranken, der isoliert in seinem Bett liegt und einfach nicht einschlafen kann. In der Einsamkeit dasitzen oder liegen, und die Zeit vergeht nie, es gibt keine Aussicht, dass dieser Zustand aufhört. Das ist die Hölle.

Time is honey, das gilt nicht, wenn man krank ist. Zeit schmeckt nicht mehr süß, sondern bitter und vergiftet, wenn die Minuten zur Ewigkeit werden und der Stundenzeiger einfach nicht weiterrücken will.

Zeit dehnt sich dann unendlich aus, verliert jede Kontur und wird zäh. Dass die Zeit still steht, das kann durchaus eine negative Ewigkeitserfahrung sein.

In der Musik spricht man von „himmlischen Längen", von einer – Gott sei Dank – nicht enden wollenden Harmonie und Schönheit, zum Beispiel am Ende von Schuberts „Großer Sinfonie in C-Dur". Es kann aber auch etwas zur Ewigkeit werden, was weder sinnerfüllt ist noch besondere Freude macht. Alfred Kerr hat einmal über ein besonders langweiliges, quälendes Theaterstück eine Rezension geschrieben: „Als ich nach zwei Stunden auf die Uhr schaute, waren gerade zwanzig Minuten vorbei." Aber das langweiligste Theaterstück hat eine Pause, und wer sich über die Aufführung geärgert hat, kann dann gehen und die Zeit unterhaltsamer verbringen. Ein schlaflos daliegender Kranker hat diese Möglichkeit nicht. Schlaflosigkeit kann Tortur sein. Kein Wunder, dass Schlafentzug in der Antike und im Mittelalter – ja bis heute – tatsächlich als Foltermittel eingesetzt wurde. (Allerdings wird heute Schlafentzug auch als Mittel gegen Depression eingesetzt.)

Was bleibt einem in solchen Nächten im Krankenbett? Man kann höchstens dösen und versuchen, die Zeit zu ertragen, passiv, machtlos. Man kann Zeit nur verstreichen lassen. Man kann sich versuchen im Aushalten und Erleiden. Zeit wird zur Qual.

Positiv erfahrene Zeit hat immer eine bestimmte Aussicht. Perspektivlos ist: Ich weiß nicht, wie's weiter geht. Wer Hoffnung hat, kann aufstehen. Wer in einer Nacht krank ist, kann auch nicht aufstehen. Der ist zum Unglück verdammt. Nachts wach zu liegen, das ist pure Ödnis. Und das ist auch etwas ganz anderes als Langeweile, wenn ich die Zeit nicht richtig auszufüllen weiß.

Etwas anderes ist das „Harren auf den Morgen", mitten in der Nacht. Da gibt es eine wunderbare Stelle in Psalm 130,6: „Meine Seele erwartet den Herrn, mehr als der Wächter das Morgenrot. Ja, mehr als der Wächter das Morgenrot." Einer hat die Nacht durchwacht und freut sich, dass die Morgenröte endlich heraufdämmert. Jeder, der Nachtschicht hat, freut sich so auf den kommenden Tag. Ein Kranker, der nur ausharren kann, sieht das anders.

Aber auch das kann man gelegentlich positiv umwandeln. Auch das Unglück der Schlaflosigkeit kann sich wenden. Es war in Rom, ich lag schon drei Wochen in einer Klinik auf der

Tiberinsel. Nur, ich konnte einfach nicht mehr schlafen. Mein Nebenmann, ein älterer Herr, hatte eine Prostataoperation hinter sich. Und in diesem Krankhaus müssen die Angehörigen die Nachtwache halten. Seine Frau ist dabei immer eingeschlafen. Da habe ich zu ihr gesagt: „Gehen Sie heim, ich pass schon auf ihren Mann auf." Und dann ist sie heimgegangen. Ich habe ihr versprochen, ich wache durch. Und das war schön. Es war, trotz der Schlaflosigkeit, eigentlich eine erfüllte Zeit. Ich wusste, ich kann für den anderen da sein. Ich habe mich gefreut, und der andere hat geschlafen.

Und wenn die Nacht noch lang scheint – es bleibt doch eines: die Hoffnung auf den neuen Tag. Auch wenn die Stunden nicht zu verstreichen scheinen, wir wissen: Wir gehen auf einen neuen Morgen zu in der Hoffnung, dass dann doch alles besser wird, dass unsere Krankheit sich bessert oder dass ein neuer Arbeitstag uns auf andere Gedanken bringt.

„Die Nacht hat zwölf Stunden/dann kommt schon der Tag." Diese Zeile aus dem „Lied von der Moldau" von Bert Brecht ist aus dem Geist und der Erfahrung der Bibel. Die Hoffnung ist: Wer ausharrt und in der Zwischenzeit der Nacht einen Sinn abgewinnt, indem er für andere da ist, der überwindet auch die dunkle Seite der Nacht: Bewusst beieinander zu bleiben und füreinander dazusein – das ist ein Weg, die Dämonen der Dunkelheit zu vertreiben.

18 *Eulen und Lerchen*

Der Schriftsteller Karl Kraus muss ein Nachtarbeiter gewesen sein. Sonst hätte er nicht Nachtarbeit als „Sieg des Geistes über die Matratze" bezeichnet. Ich kann ihn gut verstehen. Ich selber bin eigentlich ein Nachttyp. Manchmal sage ich mir: Du hast den verkehrten Beruf. Mönche stehen in aller Regel sehr früh auf. Das ist schwer für jemanden, der ein Nachttyp ist. Die anderen kommen in der Frühe gleich munter und fröhlich pfeifend daher. Das, was ich morgens für andere innerlich ausstrahle, heißt vermutlich: „Lasst mich in Ruhe!" Ich sage dann sogar meistens, wenn ein Deutscher daherkommt: „Lass mich bitte allein, ich bin noch am Muffeln."

Es ist einfach so. Gott hat Eulen und Lerchen erschaffen. Und bei den Menschen hat er in die gleiche Schublade gegriffen. Daher gibt es Nachtmenschen. Und es gibt Morgenmenschen. „Eulen" oder „Lerchen" nennen die Verhaltensforscher das nicht ohne Grund.

Und das macht ja auch Sinn: Die Nacht kann auch zum Raum der unabgelenkten Kreativität werden. Man lässt die Zerstreuungen und die Anstrengung und die Anspannung des Tagesgeschäfts hinter sich und ist ganz bei der Sache. Ora et labora, das ist etwas, was bei mir einfach nicht aufhört.

Was ich nicht tue, ist: mir nachts Sorgen zu machen und mich deswegen hin und her zu wälzen. Die Nacht ist das Löschblatt der Sorgen, sagt man in Italien. Mir hat bei meiner Wahl zum Abtprimas ein Abt geraten: Wenn du abends ins Bett

gehst, dann lass deine ganzen Sorgen abends vor der Schlaf-
zimmertür stehen. Und es wird ja wirklich nicht besser, wenn
jemand die Nacht durchgrübelt. Wer über – nicht mit – seinen
Sorgen schläft, dem wird am nächsten Tag möglicherweise
leichter sein.

Was der Tag gebracht hat, ist aber am Abend nicht vorbei.
Eigentlich ist mir der Tag immer zu kurz. Schon aus diesem
Grund arbeite ich nachts das ab, wozu mir der Tag keine Zeit
ließ. Wenn ich nachts dann noch dazu nicht schlafen kann,
stehe ich einfach wieder auf, statt mich weiter nach links und
rechts zu wälzen. Ich weiß aus Erfahrung: Das bringt nichts.
Wenn ich zum Beispiel nach der Rückkehr von einer langen
Flugreise, bedingt durch die Zeitverschiebung, die ersten
Nächte nicht schlafen kann, dann stehe ich mitten in der
Nacht auf und nehme mein Brevier. Ich bete die Psalmen
der Vigil und meditiere die im Stundenbuch vorgesehenen
Lesungen – und freue mich dann, dass endlich einmal un-
gestörte Zeit dafür ist. Das sind die Stunden, in denen es auch
im lauten Rom ganz ruhig ist, und ich kann tun, was mir wirk-
lich wichtig ist. Das ist etwas Schönes.

In einem Psalm heißt es ja: „Auf euerem Lager sinnt nach und
seid still" (Ps 4,5). Oder: „Auf meinem Lager denke ich an
dich, in den Nachtwachen geht mein Sinnen zu dir" (Ps 63, 7):
Schlaflosigkeit kann so zur spirituellen Übung und zum Weg
werden, der wieder in die Stille führt. Die Nacht wird zu einer
intensiven Gebetszeit. Und das tut unheimlich gut.

Die Nacht ist ja nicht nur eine Zeit der Dämonen, sondern
eine Zeit Gottes, in der er in besonderer Weise zu den Menschen spricht. Er spricht in der Stille der Nacht, auch wenn
wir ihn nicht immer gleich hören oder verstehen wie der
junge Samuel. Der wird nachts wach und hört eine Stimme,

die seinen Namen ruft. Samuel denkt, es ist sein Lehrer Elia, läuft hin, weckt ihn und sagt: „Hier bin ich; du hast mich ja gerufen." Elia aber ist noch im Tiefschlaf und reagiert mit einem vermutlich genervten „Ich habe dich nicht gerufen; leg dich wieder schlafen." Das Ganze wiederholt sich noch zweimal. Erst beim vierten Mal antwortet Samuel, ermutigt von Elia, auf die Stimme: „Rede, denn dein Diener hört ..." Nachzulesen in 1 Samuel 3,1–10. Der Lukasevangelist schildert, dass Jesus auf einen Berg ging, um zu beten, und dass er die ganze Nacht im Gebet verbrachte. Immer wieder hat sich Jesus des Nachts zum Gebet zurückgezogen, um ganz bei seinem göttlichen Vater zu sein.

Die Nacht ist aber für die alten Mönche eher der Ort der Finsternis, wo der Teufel regiert, und erst wenn das Licht des Morgens kommt, dann kommen die guten Engel und führen uns wieder zum Leben.

Das Gebet ist also nach der Tradition der Mönche eine Möglichkeit, auch die Nacht zu einer Zeit Gottes zu machen. Zu den Vigilien, dem Nachtgebet, sind die Mönche mitten in der Nacht aufgestanden. Wenn ich also selber mal nachts um zwei das Brevier hernehme und das Beten anfange, schmunzle ich innerlich: Ich brauche gar nicht erst aufzustehen.

Manchmal bin ich gezwungen, mitten im Druck meiner alltäglichen Aufgaben noch zu einem Abendessen oder einer anderen abendlichen Einladung zu gehen, wegen einer Verpflichtung, die ich aufgrund meines Amtes wahrnehmen muss. Wenn ich dann nachts um elf Uhr zurückkomme und spüre: „Jetzt ins Bett gehen hat keinen Sinn, du kannst sowieso nicht schlafen" – dann kann es schon sein, dass ich nach einem solchen Termin auch wieder arbeiten kann und in der Regel kommen mir dann auch völlig neue Ideen. Dann „läuft" es. Es ist dann eine Zeit, die frei ist vom Druck, etwas zu produzieren, und da hat man wieder Freiraum, dann atmet man auf.

Und dann lese ich noch etwas oder arbeite den Berg auf meinem Schreibtisch ab. Ich habe eine Zeit lang in solchen Nächten auch meine E-Mails erledigt, damit sie weg waren. Das mache ich nicht mehr, weil die Leute die Uhrzeit sehen. Dann bekommen sie einen Schrecken und reagieren besorgt. Es war so schön, einmal in der Woche nachts aufzustehen und alle E-Mails zu erledigen. Ich kann sie auch um sieben weg-schicken, aber nicht mehr nachts um drei Uhr, da muss ich inzwischen aufpassen.

Ich denke oft an die wunderbare Stelle aus der Bibel: „Eine starke Frau, wer wird sie finden, sie spinnt in der Nacht, sie sorgt für die Familie". Auch da: Untertags tut sie das und nachts sorgt sie eigentlich auch. Sorge heißt, die Zeit zu opfern für andere Menschen. Diese Stelle beeindruckt mich immer: Wenn die anderen schlafen, dann arbeitet sie. Und da denke ich manchmal dran, wenn ich um halb zwei Uhr in der Früh noch am Arbeiten bin. Dann bin auch ich im Frieden mit mir selber.

Ich kann die Nacht als Zeit nehmen, die dem Tag und seinen Plagen entzogen ist. Es ist ein Freiraum. Es ist auch eine Zeit, wo Leute mich nicht mehr anrufen, wo niemand mehr klopft, wo ich bei mir sein kann und mich das alles nicht mehr stört, was mich untertags oft nicht zu mir kommen lässt. Ich zünde dann eine Kerze an; ihre ruhige Flamme und ihr sanftes Licht geben mir eine Atmosphäre wohltuenden Friedens.

Es liegt ja meist so viel Unerledigtes auf dem Schreibtisch. Früher habe ich mitunter alles in einer ganzen Nachtschicht weggearbeitet. Gerade wenn ich am nächsten Morgen irgend-wohin fliegen musste, habe ich mich abends hingesetzt. Mor-gens war der Schreibtisch leergeräumt und ich bin seelenruhig – im wahrsten Sinn des Wortes seelenruhig – losgeflogen.

Im Moment habe ich nicht mehr die Kraft, die ich früher hatte. Und jetzt muss ich lernen, immer wieder, auch damit umzugehen: Es liegt dann halt noch da, wenn ich wieder zurückkomme.

Es gibt ein anderes italienisches Sprichwort: Wer die Nacht nicht ehrt, ist des Tages nicht wert. Das kann man verschieden deuten. Sicher ist nur: Wenn man in der Frühe müde aufwacht und keine Kraft hat, um den Tag anzugehen, ist das nicht gut.

Als Nachtmensch könnte ich, wenn ich die Nacht durchgearbeitet habe, natürlich in der Frühe durchschlafen. Aber bis acht Uhr zu schlafen, das ist bei uns im Rhythmus des Klosterlebens nicht möglich.

Und wenn ich es täte, wäre ich auch wieder unzufrieden, weil der Morgen nicht richtig angegangen ist. Dann kommt nämlich schon wieder alles rein, was sich in der Zwischenzeit angestaut hat. Dann habe ich zu wenig Zeit für meine geistlichen Betrachtungen. Wenn ich morgens aufstehe, so gegen sechs Uhr, nutze ich die Zeit zum Beten, ich feiere den Gottesdienst und meditiere.

Mir tut in dieser Morgenzeit vor allem die Stille gut. Und nicht nur mir. Als ich neu gewählter Abtprimas war, gab es in Sant'Anselmo die Tendenz, beim Frühstück wieder zu reden. Ich habe mich dafür eingesetzt, dass die Stille beibehalten wurde. Gott sei Dank. Nach der Messe, auch noch während des gemeinsamen Frühstücks, verbringen wir die erste Zeit des Tages im Schweigen. Diese Zeit der Stille ist für mich die Zeit des Atmens. Es ist Atem, der einem dann auch für den Tag wieder Luft gibt. Ruhe und Luft, Atmen und Kraft hängen zusammen, deswegen sollten sie auch am Anfang des Tages stehen. Wichtig ist, dass wir nicht gleich in die Vollen gehen. Wir müssen uns selber erst einmal Ruhe gönnen.

„Lasst mir bitte noch meine Ruhe, ich komme dann schon". Das ist meine Devise am frühen Morgen.
    Um acht Uhr kann der Tag dann richtig beginnen.
    Und jetzt kann es auch in die Vollen gehen.

19 *Vertane und vertrödelte Zeit*

Im ehemaligen Benediktinerkloster St. Peter im südlichen Schwarzwald oberhalb von Freiburg, wo der Gründer von St. Ottilien, Abt Andreas Amrhein, zum Priester geweiht wurde, ist heute noch eine Äbtegalerie zu bewundern, die die Geschichte des Klosters dokumentiert. Wer sich in der Geschichte auskennt und genau hinsieht, dem wird etwas auffallen. Zwei Äbte fehlen in dieser Reihe. Kenner der Geschichte von St. Peter erklären einem auch, warum: Es sind nicht diejenigen Äbte, die theologisch unkorrekt waren. Ihnen wird auch nicht ein irgendwie zweifelhafter Lebenswandel nachgesagt. Es sind die Äbte, die das Kloster jeweils in ihrer Zeit wirtschaftlich an den Rand des Ruins geführt haben. Der Abt, so kann man das interpretieren, ist dann ein guter Abt, wenn er die vorhandenen Ressourcen aktiv schützt und pflegt. Wenn er seine Zeit nutzt und seine Verantwortung wahrnimmt.

Leben ist jetzt. Verloren ist Zeit, wenn ich nicht wahrnehme, was heute ansteht und aktuell geboten ist. Wenn ich den Kontakt zum Leben im Hier und Jetzt verliere.

Tagträumer sind solche Menschen. Sie sind mit der Gegenwart nicht zufrieden, aber unternehmen nicht wirklich etwas dagegen.

Andere gehen nicht viel besser mit ihrer Zeit um: Die, die meinen, etwas zu verlieren, wenn sie nicht jeden Tag mit irgendwelchen Aktivitäten füllen und von einem Gag, von einem Event zum anderen springen oder immer den neuesten und tagesaktuellen Modewellen nachrennen. Sie vergeuden gerade so ihre Lebenszeit.

Dann gibt es die, die sich nicht von der Vergangenheit lösen können und immer nur darin verstrickt sind. Und ihre Artverwandten, die sich aus der Gegenwart flüchten, indem sie nur auf die Zukunft fixiert sind – mit ihren Sorgen genauso wie mit ihren Wünschen und Hoffnungen. Auch wer sich nur ans Morgen klammert, wird das Heute verlieren.

Alle genannten leben an ihrer Aufgabe vorbei: Zeit muss genutzt, gebraucht werden, um etwas Produktives zu schaffen.

„Geld oder Leben?" Wer so gefragt wird, wird mit seiner Antwort in der Regel nicht zögern. Zeit ist wertvoller als Geld. Aber den Satz „Zeit ist Geld" kann man auch positiv sehen. Nicht als finanzielle Feststellung, sondern als Beschreibung der Tatsache, dass Zeit ein kostbares Gut ist, das uns nicht unbegrenzt zur Verfügung steht. „Zeit ist kostbar", das meint nicht, dass mein Bankkonto sich ständig vermehren soll. Ein erfolgreicher Unternehmer hat einmal gesagt: Es ist nicht mein Lebensziel, als der reichste Mann auf dem Friedhof zu liegen. Wirklich kostbar ist meine Lebenszeit, weil ich die Möglichkeit nutzen kann, etwas Kreatives zu unternehmen, wenn ich das Leben fördere, wenn ich meine Kraft der Gemeinschaft zugute kommen lasse und mithelfe, für andere Gutes zu schaffen und das gemeinsame Leben zu gestalten. Ihr Wert liegt darin, dass ich in der Zeit, in der ich da bin, etwas für andere tun kann, was weiterwirkt. Das geht, solange ich diese Zeit auch wirklich habe. Dann ist es vorbei. Das ist nichts, worüber ich jammern würde. Dann müssen eben andere ran.

Wir dürfen Zeit also weder verplempern noch sie dem anderen stehlen – indem wir ihn durch unnützes Geschwätz beim Arbeiten aufhalten. Zeitdiebe können sich allerdings auch hinter den Kulissen herumtreiben, die uns angeblich das Leben erleichtern. Auch die moderne Technologie, sogar die Computer, die unser Leben schneller machen und uns die Arbeit erleichtern sollen, können dazu gehören. Wenn ich unterwegs ins Internet gehen möchte, um an meine E-Mails zu gelangen, habe ich oft lange Geduldsproben auszustehen. Mal wird das Passwort nicht angenommen, das in den Flughäfen Italiens und Deutschlands funktioniert, aber nicht in den USA, mal hat jemand einen Firewall geändert, ohne mir etwas zu sagen. Bis dann ein Experte gefunden ist, vergeht viel Zeit, die ich obendrein schon durch eigenes Herumbasteln verloren habe.

Zeit kann man in vielerlei Hinsicht verplempern. Wenn man nicht arbeiten möchte, trödelt man vor sich hin: Die Zeit wird verplempert. Es gibt aber auch eine andere Form des Trödelns, wenn man einfach keine Kraft mehr hat. Da sitzt man am Computer und vertippt sich x-mal, es bringt einen nichts mehr weiter, und wer so erschöpft ist, dass er nicht ins Bett gehen mag, aber auch nichts Ordentliches tun kann, dem plätschert alles vor sich hin. Andere Leute setzen sich dann vor den Fernseher und verplempern ihre Zeit so. Bei mir ist es das Rumsitzen, wenn ich ausgepowert bin. Nichts zu tun, das kann dann auch eine Art innerer Regeneration sein. Eine Art Entspannung, um überhaupt ins Bett gehen zu können. Aber das ist etwas ganz anderes als Muße. Es ist Unfähigkeit zur Arbeit und gerade die Unfähigkeit zur Muße.

Es gibt dann aber auch eine Langsamkeit, die entsteht, wenn man sich in einen inneren Widerstand vergräbt, sich nicht einlässt auf das, was ansteht, weil man zu sehr um sich selber und die eigenen Bedürfnisse kreist. Dieser Mangel an Selbstdisziplin kann zur Trägheit werden. Trägheit ist ein Feind der Seele, sagt Benedikt. Man fällt sich oder anderen zur Last.

Natürlich gibt es auch die blanke Lustlosigkeit. Kinder, die sich in der Frühe anziehen sollen und ewig nicht fertig werden, bis die Mutter dann sagt: Aber jetzt zieh dich endlich an. Das ist Trödeln. Da muss ein Kind daran gewöhnt werden, Zeit zu nutzen. Es muss lernen, dass Zeit doch etwas Kostbares ist. In einer verplemperten Zeit, gewinnt man nichts und bewirkt überhaupt nichts. Eine Mutter muss ihren kleinen Buben anleiten: Jetzt räum einmal dein Zimmer auf. Und wenn sie nach einer halben Stunde reinkommt und es ist immer noch nichts passiert, muss sie einschreiten und sagen, so, jetzt, das kommt da hin, das kommt da hin. Und wenn der Kleine sagt, das mache ich morgen, kann die Antwort nur sein: Das wird jetzt sofort gemacht!

Mühe gehört zum Leben, zum Leben der Kleinen und zum Leben der Großen. Man soll die Werke vollbringen, solange es Tag ist. So steht es in der Bibel.

Carpe diem, nutze die Zeit und fasse den Tag. Das war die Weisheit des Horaz und ist nicht hedonistisch gemeint. Aber der Sinn ist klar: Nütze den Tag, denn am Abend kannst du ja nichts mehr tun. Lies jetzt, am Abend kannst du nichts mehr lesen, weil es zu dunkel ist. Mir ist das bewusst geworden in Afrika auf einer Missionsstation. Ich musste abends um acht Uhr, nach dem Abendessen, ins Bett gehen und zusehen, dass ich bei Tageslicht alles erledigt hatte. Danach war es einfach nur Nacht.

Es gibt Leute, die geschäftig tun und sich doch verzetteln in tausend Aktivitäten, die greifen mal da hin und flattern wie ein Schmetterling herum, statt zielstrebig an der Arbeit zu sein. Ich war kürzlich auf den Philippinen und habe mit großer Freude in unserem Kloster das Gegenmodell gesehen, wie unsere jungen Leute gerade ein Fest vorbereitet haben, ruckzuck und hinterher haben sie alles sauber gemacht, wieder in

Windeseile. Wie bei einer guten Hausfrau, da läuft die Arbeit von der Hand.

Johannes XXIII. wird ein Satz zugeschrieben: „Ich werde mich heute vor zwei Übeln hüten, vor der Hetze und vor der Unentschlossenheit". Also vor Getriebensein und vor dem Trödeln sollten wir uns in Acht nehmen. Es muss Zeiten geben, in denen Menschen bewusst nichts tun. Dieses ständige Etwas-tun-müssen kann zum Laster werden. Zeiten des Abschaltens sind wichtig, ob es nun kleinere Pausen sind oder ein längerer Urlaub. Das heißt ja nicht: nur faul herumliegen. Auch diese Form von Trägheit ist frustrierend und langweilig. Und ebenfalls verlorene Zeit.

Diszipliniertes Nutzen der Zeit gehört zum guten Leben. Aber auch Freisein von Druck und Muße als Voraussetzung von Kreativität gehören zum guten Leben.

Es geht um Souveränität, wenn ich die Balance von Arbeit und Freiheit suche. Ich kann mich den Versuchen der Kontrolle durch andere und dem permanenten Druck von außen entziehen. Ich lasse anderen keine Macht über mich. Ich gehe aktiv auf die Arbeit zu und packe an. Aber ich lasse mich nicht treiben oder hetzen.

Unentschlossen-Sein und Trödeln ist also genauso problematisch wie die Hetze. Beide Male bin ich nicht der Souverän meiner Zeit. Ich treibe nichts, das ist Trägheit. Ich werde getrieben, das ist die Hetze.

Wir sollten Souverän unserer Zeit sein, sie durch Tun aktiv gestalten und sie nicht „vertun".

20 *Rituale –*
so viel Zeit muss sein

Eine Szene, wie sie immer wieder vorkommt:

Da kommt gerade einer zu mir ins Zimmer und steht vor dem überladenen Schreibtisch. Den Moment vorher war ich noch beim Bearbeiten eines Gutachtens oder in das Studium einer Akte vertieft. Der da vor mir steht, will aber dringend etwas. Gleichzeitig muss ich ihn gerade einmal stehen lassen, weil genau jetzt das Telefon klingelt. Ich muss den Hörer leider abheben, weil ich so selten erreichbar bin. Und dann schellt auf einmal das zweite Telefon. Und zwischendurch auch noch das Handy, das ich auch brauche und das ebenfalls auf dem Tisch liegt. Und in der Zwischenzeit klopft es dann noch ziemlich laut an der Tür.

In einer solchen Situation gibt es nur eines: „Eine Ruh!", wie man in Bayern sagt.

Jetzt wird zuerst langsam die Pfeife gestopft.

Und in aller Ruhe angezündet.

Das ist es, wozu ich mir jetzt bewusst die Zeit nehme.

Hinterher bin ich wieder verfügbar.

Das ist für mich ein ganz bewusstes Ritual. Wir Mönche leben unseren Tag in einer Vielzahl von geistlichen Ritualen. Aber auch dieses Unterbrechen des Drucks im langsamen Stopfen der Pfeife ist für mich zum Ritual geworden. Ein säkularisiertes Ritual. Allerdings werde ich mir jetzt ein neues Ritual suchen müssen, denn in den USA kann ich nirgendwo mehr rauchen, auch in Restaurants nicht. Und so wird mir nichts anderes übrig bleiben, als es eines Tages ganz aufzugeben.

An vielen Orten, wie Restaurants und öffentlichen Bereichen, habe ich sowieso kein Bedürfnis mehr danach. Anscheinend hemmt der Impuls der Rücksichtnahme auf die anderen Menschen das Gehirn. Nur manchmal schmunzle ich und denke: Aber schön wär's doch.

Rituale schlagen im Trubel des Alltags einen Pflock ein. Sie nehmen uns zurück aus dem Trubel um uns herum, reservieren uns einen eigenen Raum und bringen uns wieder zurück ins „Jetzt". Wir kommen wieder mit uns selber in Kontakt, wenn die Gefahr besteht, dass wir uns verlieren unter dem Ansturm der äußeren Ansprüche. Rituale helfen, mir selbst bewusst zu machen – und auch anderen gegenüber die Botschaft zu geben: Jetzt bin zuerst einmal ich dran.

Viele Leute leiden ja darunter, dass sie sich wie Treibholz vorkommen, willenlos umhergeschleudert von fremden Kräften. Aber mir ist es schon passiert, dass ich auf die Klage: „Es ist zu viel", die Antwort bekam: „Selber schuld!" Oft genug stimmt das ja auch.

Es kann auch eine besondere Form der Bequemlichkeit sein, sich überschwemmen zu lassen von diesem ganzen Trubel um einen herum. Man müsste ja bewusst die Anstrengung unternehmen, sich herauszuziehen. Ein bewusst gewähltes Ritual hilft dabei, diesem generellen Sich-Treiben-Lassen ein Ende zu machen. Selbstbestimmtes Leben ist *auch* eine Frage der Zeit: der „Zeit für mich".

Franz von Sales hat einmal gesagt, man soll sich am Tag eine Stunde Zeit nehmen fürs Gebet. Und wenn man wenig Zeit hat, dann sollte man sich zwei Stunden Zeit nehmen. Psychologen würden das paradoxe Intervention nennen: bewusst etwas gegen das setzen, was einen bestimmt.

Nicht nur das Beten, auch das Stopfen einer Pfeife kann also ein Ritual sein. Ganz persönlich auf mich zugeschnitten, einfach, aber hilfreich, um zu überleben. Rituale setzen eine Grenze gegenüber dem, was uns sonst bedrängt.

Das Stundengebet der Mönche ist eine institutionalisierte Form eines Rituals, das uns hilft, in die Gegenwart zu kommen. Aber auch Rituale des Alltags, wie jeder sie setzen kann, sind eine Möglichkeit, sich den Schutz zu geben und Raum für Lebensfreude zu eröffnen. Ich nehme mir ganz bewusst Zeit *für* etwas, was *mir* gut tut. Ich baue um mich herum einen geschützten und sicheren Raum, der mir selber und anderen signalisiert: Leute, ich bin auch noch etwas wert. Ich lebe und werde nicht gelebt.

Ein Ritual ist eine bewusste Unterbrechung des Drucks. Auch der Mittagsschlaf, eine Siesta kann das sein. Das Nickerchen zwischendurch ist ein wunderbares Ritual. Ich selber zum Beispiel kann überall, selbst bei größtem Lärm, auch im Flieger bei Turbulenzen und überhaupt bei unmöglichen Gelegenheiten wegschlafen. Und ein solches kleines Schläfchen ist, selbst wenn es manchmal unbewusst über einen kommt, ein Geschenk. Ich genieße es. Auch wenn diese Gabe manchmal auf ganz natürliche Weise über mich kommt: In St. Ottilien bin ich einmal an Maria Himmelfahrt mit Mitra auf dem Abtsthron gesessen und immer wieder eingenickt bei den Psalmen. Dann schrieb mir einer, er hätte beobachtet, dass ich immer wieder schläfrig geworden sei, ich solle gefälligst vor der Vesper – die ist bei uns immer um 14 Uhr, eine unmögliche Zeit – unter die kalte Dusche gehen. Dieser Brief lag lange da, kam zwischendurch immer mal wieder zum Vorschein. Dann habe ich schließlich doch geantwortet: „Sie haben völlig recht, nur ich kann Ihnen verraten, ich war vorher unter der Dusche, es hat aber alles nichts geholfen. Denn weil ich an diesem Abend endlich mal für eine Woche in Urlaub fahren wollte, habe ich die ganze Nacht zuvor durchgearbeitet und bin einfach hundemüde gewesen. Es tut mir furchtbar leid, wenn ich Ihnen damit ein schlechtes Beispiel gegeben habe."

Rituale schützen nicht nur den Einzelnen, sie stiften auch Gemeinschaft: Ein Ritual ist etwa gemeinsam verbrachte Zeit beim Essen. Gemeinsame Rituale haben auch ihre eigene Zeitform und prägen auch gewisse Zeitmuster.

Wir Mönche fangen mit dem Essen erst an, wenn alle im Speisesaal versammelt sind. Dann sprechen wir ein Gebet im Stehen. Wenn wir dann sitzen, hören wir eine Lesung. Wir danken also im Gebet für die Speisen und denken dabei an alle, denen wir verdanken, dass wir satt werden können. Wir hören schweigend auf eine Lesung, die bei Tisch vorgetragen wird, und drücken dadurch aus, dass wir nicht nur von den Gaben der Schöpfung, sondern auch vom Wort Gottes leben. Dann gibt der Abt das Zeichen, dass wir mit der Suppe anfangen können. Nach der Suppe warten wir wieder, bis der Abt mit dem Hauptgericht beginnt.

Auf diese Weise wehren wir einer immer größeren Schnelligkeit beim Essen. Zuletzt wartet der Abt wieder, bis jeder mit dem Essen fertig ist. Erst dann klopft er ab; und wir stehen zum Gebet auf.

Beim Abendessen, das in der Regel kürzer ist, kann es mit der Zeit-Synchronisierung allerdings schon einmal problematisch werden, denn da gibt's dann noch einen Apfel hinterher. Die Äpfel werden immer als Letztes serviert, und viele stecken sich den dann ein. Wer zu denen gehört, die sie schneiden und schälen, der ist immer hintendran und muss sich beeilen, um noch fertig zu werden. Der Abt oder der Prior gibt dann für alle durch Klopfen das Zeichen zum Aufbruch.

Abtprimas Benno Gut, der letzte Fürstabt von Einsiedeln und später zum Abtprimas gewählt, hat immer als Letzter im Speisesaal die Serviette abgelegt, um ja niemanden unter Druck zu setzen. Wir hängen die Serviette vorne hin, um das Skalpulier zu schützen. Nach ihm kam ein Amerikaner als Abtprimas, der ein anderes Zeitgefühl hatte. Der hat sie als Erster abgelegt. Da hatten wir oft noch zu essen auf dem Teller, als er längst schon fertig war.

Die Ruhe, die der alte Abtprimas auch beim gemeinsamen Mahl ausstrahlte, war eine Wohltat. Wir haben ihn nicht als Benno Gut bezeichnet, sondern – in Anspielung auf das italienische Wort „bene" und die steigernde Nachsilbe „-one" – als „Bennone" Gut, weil er ein so guter Mensch war und bei keiner Gelegenheit jemanden unter Druck setzen wollte. Das gemeinsam genossene Essen, das Warten aufeinander ist ein schönes Ritual.

Ich hatte als Abt in St. Ottilien immer Gäste bei mir am Tisch. Darunter solche, die gewohnt sind, zu reden. Die essen in der Regel auch viel langsamer. Bei uns Mönchen geht das zumindest am Abend immer sehr schnell, in 18 Minuten haben wir das Abendessen beendet, auch weil es nicht so üppig ist wie am Mittag. Einer der Gäste sagte mir einmal: „Es ist ja alles so schön bei euch, aber wie rasch das gehen muss, das ist ja geradezu unmenschlich." Und da hatte er recht. Aber wenn man die ganze Zeit einer Tischlesung zuhört, dann isst man eben kontinuierlich. Und wer mit dem Essen fertig ist, wird nervös, wenn es noch nicht zu Ende ist. Zu lernen, auf die anderen zu warten, ist eine wunderbare Übung.

Ich selbst habe immer erst mit dem zweiten Gang begonnen, nachdem ich mich umgesehen hatte, ob alle ihren ersten Gang, die Suppe, fertig gegessen hatten. So viel Zeit muss sein.

Und wir haben in aller Regel immer auf die Gäste gewartet. Nur wenn es bei einem ganz extrem war, dann habe ich zu ihm gesagt: „Essen Sie in Ruhe hinterher weiter, aber wir müssen auch auf die anderen Rücksicht nehmen." Das ist die Ausnahme. Es tut gut, sich beim Essen Zeit zu nehmen und sich und anderen Zeit zu lassen.

„Sei gut zu deinem Leib, damit die Seele Lust hat, darin zu wohnen." Sagt Teresa von Avila. Essen und Trinken hält nicht nur Leib und Seele zusammen, sondern auch die Gemeinschaft. Gemeinsame Essenszeiten einzuhalten, das heißt: Man erzählt sich etwas, nimmt am Leben, an den Sorgen und Freuden der anderen teil und verbindet sich so miteinander. Gemeinsames Essen gehört zu den wichtigsten Ritualen in den Familien, und wenn das nicht mehr möglich ist, zerbricht in der Regel auch etwas im Zusammenhalt.

Rituale stiften nicht nur Gemeinsamkeit, auch dem Einzelnen tun Rituale gut. Und sei es das Joggen oder die regelmäßige Bewegung.

Auch Bewegung ist Leben. Und – auch Bewegung braucht Zeit. Immer mehr Menschen nehmen sie sich. Man muss nur durch einen Wald gehen, um auf sie zu treffen, in New York sieht man sie auch mitten in der Stadt. Ich selber mache jeden Morgen ein leichtes gymnastisches Training. Auch eine Art Ritual. Mit Sport hatte ich schon in der Schule nicht viel am Hut, weil ich mich stets überfordert fühlte. Aber Bewegung als solche tut einfach gut. Ich habe mir ein Programm zurechtgelegt, das nicht so schwer und auf meine Situation zurechtgeschnitten ist. Der ganze Körper ist in der Frühe in fünf bis sieben Minuten durchtrainiert. Es sind Streckübungen für Kopf und Hals, für den Oberkörper, die Hüfte und die Beine, schließlich Kniebeugen und so ein paar Liegestützen – und zuguterletzt das Bauchtraining. Wenn ich aufstehe, bin ich nicht nur fit, sondern fühle mich einfach glücklich. Der Tag geht ganz anders los. Wenn ich es einmal nicht tue, dann ermüde ich leichter und hänge herum. Das Bewusstsein, dass es mir nach der Anstrengung wirklich gut geht, motiviert mich, das zu machen, auch wenn ich beim Aufstehen noch hundemüde bin. Das wird dann zum Ritual, das ich nicht lassen möchte. Dann unter die Dusche, dreimal heiß und kalt. Und dann zum ersten Gebet in die Kirche.

Ich will das alles auch nicht zu streng sehen. Manche Läufer, die nicht mehr in der Natur laufen, sondern nur noch auf dem Band im Fitness-Center, sind eine merkwürdige Zeiterscheinung. Aber auch ihnen tut es gut, sich die Zeit für sich zu nehmen. Ich bin überzeugt, dass die sich einfach nach einer gewissen Zeit wohler fühlen.

Natürlich gibt es viele, die sich quälen, damit sie hinterher wieder kräftig essen können. Das sind aber eher die Saunagänger, die dann nachher auch noch das Bier zischen. Ich hatte einen Mitbruder, einen Professor in Rom, der immer am Donnerstag, dem freien Tag, von Rom nach Ostia hinausgeradelt ist, um abzunehmen. Und am Ziel hat er dann eine riesige Platte Spaghetti gegessen. Wenn er mir davon erzählt hat, habe ich geschmunzelt. Auch das darf sein.

Rituale geben unserem Leben Struktur. Die Zeit verläppert sich nicht, und ein Tag „verläuft" sich nicht einfach, wenn man – zum Beispiel – Zeiten der Besinnung fest einplant. Wenn man sich etwa am Abend, statt vor der Flimmerkiste wegzuschlafen, nochmals hinsetzt und überlegt: Wie ist dieser Tag eigentlich gelaufen? Und wenn man diesen abgelaufenen Tag sozusagen vor Gott einbringt und ihn darum bittet, dass er uns verzeiht, wenn etwas danebengegangen ist. Das wirkt ja letztlich auch befreiend. Aus einem Tag also nicht einfach wegdösen, sondern sich ein Ritual setzen – das gibt nicht nur dem Tag eine Kontur, das gibt auch der eigenen Zeit Sinn.

Wir brauchen Rituale. Und sei es nur die Art und Weise, wie ich meine Pfeife stopfe. Auch wenn mir da ein paar Leute vorwerfen, ich würde ein schlechtes Beispiel geben. Mit solchen Vorwürfen gehe ich gelassen um.

Einer hat mir einmal geschrieben, er habe mich immer so geschätzt, auch wegen der Krankenhäuser, die ich gebaut habe. Aber als er ein Foto von mir gesehen habe mit der Pfeife, sei sein ganzes positives Bild, das er von mir gehabt habe, zusammengebrochen. Und ich würde dann ja auch früher sterben und den Staat einmal viel Geld kosten.

Diesem Herrn habe ich zurückgeschrieben: Ich verstehe Ihre Sorge, ich bin nun mal ein schwacher Mensch, ich möchte Ihnen aber zu denken geben, dass Sie den Staat vermutlich genauso viel Geld kosten. Denn weil Sie nicht rauchen, werden Sie über 90 Jahre alt, und da muss der Staat viel Rente für Sie bezahlen ...

Ich dachte, der würde sich nicht mehr melden. Hat er aber dann doch. Er hat gesagt, er überdenkt es doch noch mal.

Immerhin, hab ich mir gedacht.

21 Zeit zum Träumen, Zeit zu wachsen

Wachsen und Reifen geschehen nicht im Akkord. An den Kindern merken wir es: Auch Erziehung braucht Zeit. „Was ich mir von einer Bildungsreform erwarte ist, dass die Schüler Zeit haben, die Füße auch mal auf den Tisch zu legen, ins Blaue hinauszuschauen und zu träumen." Mit dieser Forderung habe ich schon manchen Pädagogen schockiert. Bei Vorträgen vor Bildungsfachleuten über die Probleme an der Schule oder über Reformen komme ich immer wieder auf diesen Punkt. Meine Vorstellung ist nicht das, was viele mit anständiger Erziehung und gesellschaftlicher Etikette verbinden. Aber gerade in einer Zeit, in der alle an den Kindern ziehen und zerren, kann man es nicht laut genug sagen: Junge Menschen brauchen Zeit zum Wachsen. Auch für sie gilt die biblische Weisheit: Wachsen hat seine Zeit. Jede Lebensphase hat ihre Zeit. Zu jeder gilt es Ja zu sagen. Der Respekt vor den Kindern gebietet das und letztlich der Respekt vor dem Leben. Nur wenn wir den ständigen Druck von ihnen nehmen, können sie kreative Menschen werden. Und genau das, das schöpferische Potential, ist es ja, was gute Erziehung, was auch Schule fördern will und was unsere Gesellschaft braucht.

Ein junger Journalist erzählte kürzlich, er sei gerade Vater geworden. Er habe eine kleine Tochter, gerade zehn Monate alt. Vera heiße sie. Die Kleine mache die ersten Schritte. Sie sei ein wunderbar charmantes Mädchen, das schon erste Sprechversuche mache und zu den Songs von Madonna auf den Knien der Mutter herumtanze.

Und trotzdem macht der Vater sich schon Sorgen um die Zukunft. Er prüft jetzt schon Kindergärten, Vorschuleinrichtungen und Schulen, in die die Kleine einmal gehen soll. Während die Kleine noch juchzt und die reine Lebenslust ist, schmieden die Eltern schon Pläne und basteln an ihrer späteren Karriere, verplanen ihr Leben, ihre Zukunft. Und sie bauen dadurch Druck auf.

Leben ist aber nicht planbar. Und das Leben von Kindern schon zweimal nicht. Dass Eltern das Leben so weitgehend vorprogrammieren wollen und dazu die Hilfe der Wissenschaft suchen, dass sie ihre eigenen Vorstellungen in ihre „Wunschkinder" hineinprojizieren, ist für mich ein entsetzlicher Gedanke. Dass Eltern ihren Kindern ihre eigenen Wünsche und Phantasien aufzwingen und – um ein gar nicht so extremes Beispiel zu nennen – ihr Kind, das vielleicht den Wunsch hätte, Musiker zu werden, genetisch zum Boxer designen lassen können – diese Vorstellung macht mich richtiggehend aggressiv. Wie würde ich reagieren, wenn so über mich und über mein Leben von anderen verfügt worden wäre?

Es sind aber nicht nur die Eltern, die ihre Kinder planen und verplanen. Bildungspolitiker planen in der Sektion „U3" bereits für die Unter-Dreijährigen. Es werden – im Ernst – Pläne gemacht, in denen es um die Null- bis Dreijährigen geht. Die sollen schon „fürs Leben" getrimmt werden. Gemeint ist: Sie sollen später wirtschaftsfähig werden. Das ist Planwirtschaft pur – ein System, das nur auf effiziente Ausbildung und möglichst schnelle „Verwertung" des „Humankapitals" in der Wirtschaft zielt.

Da ist mir die indianische Weisheit lieber. Sie ist auch näher am Leben: „Gras wächst nicht schneller, wenn man daran zieht."

Auch die Kinder, die in die moderne Gesellschaft hineinwach sen, brauchen andere Werte als Effizienz und Lerntempo. Sie brauchen Spiel und Phantasie, Märchen und unverplante Zeit. Natürlich brauchen sie daneben auch anderes: Fleiß, Disziplin, Ausdauer, Belastbarkeit, Fairness.

Für beides brauchen Kinder Zeit: um es einzuüben, um es zu leben, um ihre Persönlichkeit und ihren Charakter zu bilden und zu glücklichen Menschen heranzuwachsen.

Das moderne Bildungssystem mit seinen vollgestopften Lehrplänen und hektisch aufeinanderfolgenden Curricula verhindert wirklich kreatives Leben. Es ist kein Bildungssystem, sondern ein Ausbildungssystem. Bei einer Konferenz zum Thema Zukunft der Schule, an der ich teilnahm, hat ein Ministerpräsident immer von Bildung und von der Notwendigkeit der Bildungsreform gesprochen. Ich sagte: „Was ist denn hier eigentlich los? Es ist doch komisch. Wir haben seit den 60er Jahren eine Bildungsreform nach der anderen und dennoch werden unsere Kinder angeblich immer dümmer. Und uns, die wir eine humanistische Bildung genossen haben, hat das doch keineswegs zu geistigen Krüppeln geschlagen." Da wurde mir entgegengehalten, der Politiker spreche doch nicht von Bildung, er meine Ausbildungsreformen ...

Aber die Sprache verrät uns.

Ein Klima des Wettbewerbs und der Konkurrenz unter Kindern verhindert, dass das schöpferische Potential sich entfaltet. Kinder sind neugierig und offen für alles, was sie umgibt, wenn man sie nur lässt. Sie *wollen* von sich aus kreativ sein, aber nach ihrem eigenen Rhythmus. Und nicht unter dem Kreativitäts-Druck wirtschaftsbesessener Bildungspolitiker oder gutmeinender, aber im Grunde vor allem ehrgeizige Eltern, die schon Kindergartenkinder von einer Klavierstunde zur Ballettstunde oder zum Chinesischunterricht karren.

Ich habe es selbst beim Üben von Musik gemerkt: Wenn ich ständig immer neue Stücke spielen und mich nach einem Konzert bereits wieder auf das nächste vorbereiten muss, dann bleibt mir keine Zeit mehr zum Improvisieren, dann habe ich auch gar keine Zeit mehr, mal richtig auf die Töne zu horchen und ein paar Läufe zu üben, die mich besonders interessieren. Dann ist einfach nichts mehr da. Keine Luft mehr. Man wird atemlos. Atemlosigkeit: das ist das entscheidende Hindernis für wirkliche Perfektion.

Kinder brauchen Freiräume. Wenn heute sogar Kreativmanagement in der Pädagogik betrieben wird, kann ich nur sagen: Vergessen Sie es! Man kann Kreativität nicht durch den Fleischwolf drehen. Kreativität lässt sich nicht „herstellen". Nur auf dem Boden der Muße kann sie wachsen. Das ist unser Problem: Wir wollen alles machbar haben. Aber Kreativität ist nicht machbar, sonst ist es keine Kreativität mehr. Kinder müssen genau aus diesem Grund auch faul sein dürfen und spielen, sie müssen Zeit haben zum Träumen. Sie brauchen die Schutzzonen des Zweckfreien.

Fastfoodwissen verstopft die Fähigkeit zur Phantasie und die Möglichkeit der Kreativität. Außerdem wird es nicht richtig verdaut und schnell wieder vergessen. Es verhindert oder erschwert die natürliche Fähigkeit der Neugier. Reifung und Wachsen geschieht nur in Freiräumen. Hier kann auch ein ganz anderes Potential entfaltet werden. Wir sind nun einmal auch aus dem Stoff gemacht, aus dem die Träume sind. Beim Träumen überwinden wir Grenzen, innerhalb derer wir uns jeden Tag durch vielerlei Äußerlichkeiten eingeengt fühlen. Im Traum, auch im Tagtraum, wenn wir nur „ins Blaue" hineinträumen oder phantasieren, sind wir auch unserer Seele näher. Wir dürfen auch unserer Sehnsucht und unseren inneren Wünschen freien Lauf lassen. Wir entdecken uns selber in einer ganz anderen Weise. Das ist eine andere Art Wachheit. Hier wird unsere innere Lebendigkeit, unser innerer Reichtum aktiviert, weil wir nicht nur auf Reize und Impulse von außen reagieren müssen. Wir sollten Kindern die Möglichkeit geben, ihre Phantasie zu beflügeln und so ihre inneren Möglichkeiten anregen. Das ist übrigens auch das beste Mittel, um sie schon früh gegen eine bloße Verzweckung immun zu machen, in der sie zu bloß wirtschaftlich interessanten Werkzeugen einer Hochleistungsgesellschaft werden.

Wenn Kinder Freiräume vor der ständigen Inanspruchnahme haben, sind sie auch besser geschützt vor den Gefahren einer passiven Flucht vor die Fernsehschirme und Computer. Eine kluge Kinderpsychologin hat das Sitzen vor dem Fernseher und dem Computer einmal als „Kinderfänger" bezeichnet: Es wirkt auf die Kinder in der Tat wie jene klebrigen Fliegenfänger, an denen sich die Kinder immer nur noch mehr festkleben, wenn sie sich freizustrampeln versuchen.

Je reicher die Innenwelt eines Menschen ist, desto besser ist er vor Manipulation gefeit. Wer eine lebendige Phantasie hat, der ist in der Lage, die Welt nicht nur so zu sehen, wie sie ist, sondern auch so, wie sie sein sollte. Die Fähigkeit zum Träumen ist also viel mehr als ein simples Wünschen. Die Phantasie erweckt keine Wunschwelt und bildet keine falsche Wirklichkeit ab, sondern sie hilft, die Entfernung zwischen dem, was ist, und dem, was sein könnte, auszumessen und zu bestimmen. Und das ist ja das Kennzeichen schöpferischer Menschen.

Deswegen ist es auch so wichtig, dass Kindern Geschichten und Märchen vorgelesen werden. Geschichten bilden im Innenraum der kindlichen Seele Möglichkeiten aus, die den Spielraum der Kinder erweitern, wenn es um die Bewältigung von Wirklichkeit geht.

Diese Möglichkeiten werden auch durch das Spielen aktiviert und lebendig. Ich habe daher immer dafür plädiert, dass an der Schule unseres Klosters genügend Raum und Zeit ist für Musik und Spiel und Sport. Auch für Fußballspielen. Das ist gesund und härtet ab. Es vermittelt Regeln und übt soziales Verhalten. Wir haben als Schüler im Kunstunterricht heimlich Schafkopf gespielt: Sogar da lernt man fürs Leben. Auch Kartenspieler üben sich im Rechnen, wenn sie mitzählen, was die Mitspieler an Trümpfen in der Hand haben. Sie lernen, die Dinge zu durchschauen und Spielzüge vorauszudenken. Sie üben sich darin, Risiken einzugehen, aber sich nicht übertölpeln zu lassen. Und haben noch Spaß dabei.

Wenn Kinder Freiheit *und* strukturierte Ordnung, Behütung *und* Abenteuer, neue Erfahrungen *und* Kontinuität brauchen, dann erfordert das die Zeit der Erwachsenen. Nur mit Zeit ist Zuwendung der Eltern und der Lehrer möglich. Das ist klar. Auch das ist Kreativitätsförderung, die normalste vielleicht: Lehrer oder Eltern locken im Umgang mit den Kindern etwas hervor, was in ihnen steckt.

Kinder spüren sehr gut, wenn Erwachsene in ihrem Leben selber so „voll" sind und so unter Druck stehen, dass sie keine Muße, keine unkontrollierten und „unverzweckten" Freiräume mehr haben.

Deswegen sind auch wir Erwachsene gefordert. Indem wir unseren Kindern vorleben, dass es ein Leben außerhalb der bloßen Leistungsfixierung gibt, zeigen wir ihnen, dass man sich die Zeit und die Freiheit nehmen muss, nicht nur gelebt zu werden, sondern selbst zu leben. Kinder, die das erfahren haben, werden später einmal leichter in der Lage sein, sich auf ein unabhängiges Leben einzulassen, in dem unweigerlich immer wieder Veränderungen notwendig sein werden.

Kürzlich las ich ein Interview mit dem Chef von CERN, dem berühmten Genfer Kernforschungszentrum. Er sagte: „Ich bin Physiker geworden, weil ich einen Physiklehrer hatte, der ein toller Mensch und ein toller Lehrer war." Und eine der bekanntesten deutschen Schauspielerinnen, Brigitte Hobmeier, gestand kürzlich in einem Gespräch mit der Süddeutschen Zeitung, dass erst die Ermutigung einer Lehrerin in ihr den Gedanken ermöglicht hat, Schauspielerin zu werden und auf eine Schauspielschule zu gehen. Sie stammt aus ganz einfachen Verhältnissen, wo die Schauspielerei höchstens als Hobby denkbar war. Erst diese Lehrerin, sagt sie, habe die Unfähigkeit aufgelöst, den Gedanken überhaupt zu denken, sie könne die Schauspielerei zum Beruf machen.

Heutzutage ist es wichtig, eher auf diesen Aspekt Wert zu legen. Nur von Menschen und im täglichen Beispiel lernen Kinder, was sie am meisten brauchen: sie lernen leben.

Deshalb werde ich auch künftig jede Gelegenheit nutzen, um die überhasteten und hektisch auf den Weg gebrachten Bildungsreformen zu attackieren, die von so genannten „Bildungs"-Bürokraten in immer kürzeren Abständen den Kindern sowie den Lehrern und Eltern zugemutet werden.

Dafür brauchen Kinder jetzt schon Zeit. Freie Zeit, ohne Terminpläne, ohne Leistungsanforderungen und ohne Lernziele. Und deswegen freue ich mich über jedes Kind, das die Füße auf den Tisch legt und ins Blaue hineinträumt.

Werte – Haltungen auf Dauer

„Und führe uns nicht in Versuchung" – wir alle kennen diesen Satz im Vaterunser. Wir kennen auch die Schlagzeilen in den Zeitungen. Da lässt sich einer feiern als wertbewusster Supermanager, der nur das Gemeinwohl im Blick hat und allen mit gutem Beispiel vorangeht. Und dann kommt heraus, dass er in einem kaum vorstellbaren Ausmaß Steuern hinterzogen hat. Da führt eine Gewerkschaft Verhandlungen mit einer Luftlinie. Und der Chef dieser Gewerkschaft fliegt mit einem Freiflugticket dieser Fluggesellschaft, das er in seiner Funktion als Aufsichtsrat eben dieses Unternehmens erhalten hat, in einen Exotenurlaub, statt in dieser kritischen Situation bei seinen Leuten zu sein. Da gibt es große Worte von einem Unternehmensboss, und wenige Wochen später sind sie wertlos, weil plötzlich ein paar Dinge publik wurden, die im Dunkel hätten bleiben sollen. Da haben sich einige als Vorbilder aufgestellt und sind doch der nächstbesten Versuchung anheimgefallen.

Aber Vorsicht: keine Moralpredigt! Erstens bleibt die Hoffnung auf Besserung. Und zudem: Hand aufs Herz! Wie viele von uns wären in derselben Position in jedem Fall standhaft geblieben? Und wie viele würden genauso zugreifen, wenn sich ihnen eine günstige Gelegenheit böte? Der Satz aus dem Vaterunser gilt für uns alle. Das christliche Menschenbild ist ehrlich: Der Mensch ist und bleibt Sünder. Vertrauen ist gut, Kontrolle ist nicht unbedingt besser, aber sie gehört als Sicherung ein bisschen dazu. Wir brauchen Ideale, selbstverständlich. Aber wir dürfen uns selber auch nicht überschätzen. Werte kann man nicht durch einen Schnellkurs einsetzen.

Schon die alten Mönche haben es gewusst: Die reinen Heiligen sind selten. Menschen werden heilig, weil sie sich in der Versuchung bewährt haben und dadurch stärker wurden. Der Mönchsvater Antonius hat sogar einmal gesagt, die Versuchung stärke den Mönch so wie ein Baum seine Wurzeln tiefer in die Erde treibt, wenn er vom Sturm hin- und herbewegt wird. Es setzt Haltung voraus, wenn wir standhaft sein wollen. Und „Haltung" ist nichts, was man sich im Schnellverfahren geschwind mal aneignet. Sie ist das Ergebnis eines längeren Prozesses, von Ausdauer. Sie braucht Übung – und das Zusammenspiel mit anderen.

Wir alle haben es, Tag für Tag, nötig, dass der eine dem anderen hilft, durch sein Beispiel oder durch Achtsamkeit und Aufmerksamkeit. In der Ehe ist es der Partner, in der Familie sind es die Eltern. In der Gesellschaft brauchen die Schwächeren die Starken. Nicht anders in der Schule. Erziehung ist etwas, was auf Dauer zur guten und richtigen Lebenshaltung verhelfen soll.

Haltung als geistige, wertbezogene Einstellung und gleichzeitig als etwas, das sich in der Praxis auswirkt, ist etwas, das in Fleisch und Blut übergegangen ist, weil man es über längere Zeit eingeübt und mit Ausdauer trainiert hat. Wir können so viel Ethikunterricht organisieren mit so viel Stunden, wie wir wollen. Wir können die klassischen Tugendkataloge geschichtlich und systematisch erklären und in ihrer Aktualität erläutern, Klugheit, Tapferkeit, Gerechtigkeit und Maß und was wir noch alles unterbringen wollen. Das ist alles plausibel. Aber warum wirkt es nicht unmittelbar und sofort? Und warum hält sich die Mehrheit nicht daran? Weil sie schwach ist. Weil wir alle schwach sind.

142

Bei uns im Orden, im Kloster ist es der reguläre Tageslauf, der lebenslang praktizierte Rhythmus, der schließlich in Fleisch und Blut übergeht. Nur wenn ich regelmäßig morgens um sechs Uhr aufstehe, schaffe ich es, den Rhythmus eines monastischen Tages einzuhalten. Und im Leben eines jeden ist es nicht anders.

Auch Erziehung ist etwas anderes als das schnelle Einbläuen curricular vorgeschriebener Lernstoffe. Es geht darum, die Kinder zum Guten zu bewegen, das heißt, sie so weit zu bringen, dass das Gute in Fleisch und Blut übergeht, dass Wertbewusstsein auch zur *Haltung* wird, die den Alltag prägt und *Halt* gibt, wenn in einer ganz bestimmten Situation die Versuchung kommt. Der Mensch ist und bleibt ein Gewohnheitstier. Änderung, auch zum Guten, geht nicht von jetzt auf gleich. Wir brauchen die ständige Übung, die immer wieder neue Erinnerung an das, was gut tut und wichtig ist.

Es ist natürlich sinnvoll, dass Vokabeln regelmäßig in der Schule abgefragt werden und der Wissensstand immer wieder überprüft wird. Was junge Menschen sich aneignen sollten, welche Inhalte nötig sind, um sich in der Geschichte auszukennen oder sich in der wirtschaftlichen Realität zurechtzufinden oder um eine Fremdsprache zu beherrschen, das wissen wir alle. Aber das ist nicht das, was ich mit Werterziehung meine. Hier ist die Gewöhnung an das Gute das Wesentliche. Und das dauert. Und verlangt Ausdauer.

Der Weg zum Glück geht immer auch über Verzicht und Ausdauer. Fördern und motivieren ist entscheidend. Aber man darf nicht immer gleich den Weg des geringsten Widerstands gehen. Das gilt ganz allgemein und es gilt ganz besonders für Kinder. Sie müssen lernen, sich anzustrengen. Eltern und Erzieher tun den Kindern nichts Gutes, wenn sie sie nicht fordern. Meine Mutter kannte keinen Brocken Latein, aber sie hat mich als Schüler gezwungen, abends noch die Vokabeln zu studieren und in der Frühe, bevor ich aufgestanden bin, hat sie sich neben mich ans Bett gesetzt und hat sie abgefragt. Und erst dann ging's in die Schule.

Wenn wir miteinander etwas durchgestanden haben, werden wir daran wachsen. Wenn Menschen eine Krise miteinander durchstehen, wird sie das zusammenschweißen. Miteinander in der Ehe Probleme durchgestanden zu haben, festigt eine Beziehung. In einer Freundschaft gemeinsam etwas erlebt und sich auch in schwierigen Zeiten beigestanden zu haben, das gehört wesentlich zur Freundschaft. Musiker müssen sich durch den „toten Ton" durchkämpfen und üben, üben, üben – erst dann geht's vorwärts. Wer je ein Musikinstrument oder eine fremde Sprache gelernt hat, weiß: Man muss den „toten Punkt" überwinden und Durststrecken durchstehen. Später ist gerade das das wunderbarste Erlebnis: dass wir nicht aufgegeben haben, trotz allem. Nur dann, wenn wir – auch beim Sport – eine Leistung immer wieder neu vollbringen, Durchhaltevermögen im Training zeigen, nicht aufgeben, entsteht Belastbarkeit. Leben heißt: Wir müssen etwas aushalten. Die Zähne zusammenzubeißen, das lernt man als junger Mensch. Und das müssen wir von unseren jungen Leuten wieder einfordern.

Disziplin ist wichtig. Dabei geht es um ganz simple Dinge: Der Bub kommt heim, das Mädchen kommt heim, zuerst die Arbeit, dann das Spiel, zuerst die Hausaufgaben. Aber nein, heißt es oft bei den Eltern, der arme Bub, der hat jetzt den ganzen Vormittag so viel ausgehalten, jetzt kann man das nicht verlangen. Der Junge aber geht zum Spielen und kommt nicht mehr zurück oder macht sich, wenn er endlich kommt, über den Gameboy her. Das ist alles nachvollziehbar. Ich selber muss mich noch heute disziplinieren, wenn ich ständig durch alle möglichen Anforderungen von meiner Arbeit weggezerrt werde. Da hilft nur eins – wenn ich die Tür zumache und sage: So, jetzt ist Ruhe. Jetzt kommt zuerst mal das dran, was ich eigentlich hätte tun müssen. Wie sollen unsere Kinder später einmal mit den vielfältigen Reizen des modernen Lebens umgehen, wenn sie nicht gelernt haben, was Disziplin bedeutet?

Es gibt noch andere Dinge, die nicht im Lehrplan stehen. Ehrlichkeit gehört dazu. Ist das denn heute noch eine öffentlich akzeptierte Tugend? Dem mächtigen Vorstand eines Großkonzerns sagt doch heute keiner mehr die Wahrheit. Selbst Vorstandsmitglieder gestehen mir: Bei uns traut sich keiner mehr etwas. *Das* ist doch das Traurige. *Da* müssen wir Hebel dagegen setzen. Und zwar schon in der Erziehung.

Oder nehmen wir die Haltung des Fair-Play. Das lernen Kinder beim Fußballspielen. Dass sie einüben, wie man auf ehrliche Weise gewinnt und ehrbar verliert. Dass, wer gewinnt, sich nicht gleich überschlägt. Und dass der, der eine Niederlage hinnehmen muss, das kann, ohne auszurasten.

Kinder brauchen Vorbilder, die sie lehren, zu selbstständigen und wertbewussten Menschen heranzuwachsen. Nicht das Pauken von Stoffmengen ist der entscheidende Punkt in der Schule, sondern dass junge Menschen lernen – und auch Lust daran haben –, die Wirklichkeit wach und kritisch zu sehen. Nur so werden sie immun gegen alle Ideologien. Der Griechischunterricht hat uns keine Weltsprache gelehrt, mit der wir heute in der globalen und polyglotten Welt kommunizieren könnten. Denken zu lernen, das haben wir bei unserem Griechischlehrer aber trotzdem geübt, als wir die Sokrates-Dialoge gelesen haben. Wir haben zwar nicht viel davon verstanden, aber so viel immerhin, dass wir gelernt haben, Dinge zu unterscheiden. Dieser Sokrates hat so lange nachgefragt, bis ein Begriff definiert war und er hat sein Gegenüber nicht losgelassen, bis herausgearbeitet war, was wirklich gemeint war.

Und schließlich: Wir sollten die Religion nicht aus der Erziehung ausschließen. Religion gilt vielen bloß noch als beliebige Weltanschauung, das Christentum als eine unter mehreren Weltanschauungen, die sie am liebsten aus der Öffentlichkeit einer pluralistischen Gesellschaft entfernen würden. Religion ist aber ein Stück unseres Lebens, in dem wir verankert sind. Wir dürfen nicht zulassen, dass man den religiösen Bereich einfach in den Sonntagsanzug steckt und aus dem Alltag ausschließt. Der weltliche Bereich hat zwar seine eigene Gesetzlichkeit und steht im Spannungsverhältnis zur Religion. Aber Religion gibt uns einen tragenden Sinnhorizont. Um diese Wahrheit dürfen wir unsere Kinder nicht betrügen. Wir brauchen auch künftig den Mut, Kinder religiös zu sozialisieren. Gesunde Religiosität führt nicht in die Unterdrückung, sondern in die Freiheit und ins Lebensglück.

Im Religionsunterricht werden Werte auf eine besondere Weise fundiert. Religion ist nicht nur ein Lernfach. Religionsunterricht soll ja aufwecken, er sollte uns unsere Gottesbeziehung und unser Geschaffensein bewusst machen, die Hinfälligkeit und das Wissen um die Grenzen des Menschen. Er sollte sich gegen ein Menschenbild richten, dem alles machbar scheint und gegen eine Ideologie, die besagt: Ich bin der absolute Herr, ich bin der Schöpfer meines eigenen Seins. Religionsunterricht verfehlt seinen Sinn, wenn er nur der reinen Information dient.

Unsere Gesellschaft ist besessen vom Machbarkeitswahn. Wert ist, was schnell verwertbar ist. Alles scheint möglich.

Aber das eigentliche Prinzip der christlichen Grundwerte ist die Unverfügbarkeit: das Verständnis unserer Welt und des Menschen als Schöpfung Gottes. Das hinzunehmen und nach Orientierung zu suchen, müssen wir diese Demut wieder lernen? Ist es einfach demütig, sich so zu verhalten? Indem man fragt: Was sagt uns die Schöpfung? Welche Haltung ihr gegenüber ist richtig? Der Philosoph Paul Feyerabend hat die Devise ausgegeben, die eine ganze Generation bestimmt – und gefährdet hat: anything goes, alles ist erlaubt, alles geht. Dieses Wort kann zwar auch positiv verstanden werden: als Aufstand gegen jede ideologische Verfestigung. Aber das stimmt eben auch: Alles hat seine Grenzen und seine vorgegebenen Gesetze.

Es gibt auch Schranken, die uns von Natur aus gesetzt sind. Wenn wir diese überschreiten, wird es gefährlich. Die Schranken zu sehen und zu akzeptieren, das muss uns wieder in Fleisch und Blut übergehen – von Kindheit an. Es ist etwas, wofür wir junge Menschen sensibel machen müssen: Unser Leben, unsere Welt ist uns geschenkt, wir können damit nicht anfangen, was wir wollen.

Eine werteorientierte Erziehung ist also keineswegs nur eine Sache des schulischen Stundenplans, des Elternhauses oder des Religionsunterrichts. Die ganze Gesellschaft ist *auf Dauer* in die Pflicht genommen. Eine Gesellschaft, in der die Ehrlichen die Dummen sind und wo es nur noch heißt: Lass dich nicht erwischen, gibt diese Botschaft auch an die nächste Generation weiter. Es muss wieder eine Zielvorstellung für uns alle geben. Was wollen wir wirklich? Wie soll unsere Gesellschaft aussehen? Ein Kind muss schon in der Familie mitbekommen, dass Ehrlichkeit am längsten währt und dass das Ziel des Zusammenlebens nicht heißt: Ich muss alle reinlegen.

Ich wünsche mir und uns, dass unsere Gesellschaft von morgen noch Werte hat und vom Guten bestimmt ist. Haltungen wie Fleiß, Ausdauer oder Durchhaltevermögen sind wichtig. Aber es geht auch um die anderen Werte, die ihr Vorbild in den göttlichen Tugenden haben: Treue, Barmherzigkeit, Langmut, Vergebung. Und vor allem um die Liebe. Das Gute soll weitergetragen werden in unsere Zukunft hinein. Nur so kann die Gesellschaft überleben.

Was hat das alles mit Zeit zu tun? Sehr viel! Werteweitergabe in der Erziehung – das geht nicht in ein paar Schulstunden. Werte wollen im Alltag gelebt und auf Dauer verinnerlicht sein. Damit sie wirksam werden können, damit der Funke „überspringen" kann, müssen wir als Erwachsene selbst zu Werten stehen, in der Familie, in der Schule, im Beruf, jeder an seinem Platz. Wir alle. Jeder muss mithelfen.

Werte können unbequem sein. Sie zur Gewohnheit werden zu lassen ist eine Lebensaufgabe. Jeden Tag.

23   Dankbar – jeden Tag

An meinem letzten Geburtstag war ich unterwegs, und wir saßen zusammen über einer Arbeit. Jemand fragte mich, ob dieser Tag etwas Besonderes für mich sei. „Ja und nein", entgegnete ich. Und es ist wirklich so: Jetzt, da ich älter werde, denke ich häufiger zurück. Und manche Fragen werden mir bewusster: Wo stehst du eigentlich? Wie schaut dein Leben aus, wenn du Bilanz ziehst? Was ist aus deinem ursprünglichen Lebensentwurf geworden?

Ich grüble dann meist nicht lange und richte meine Aufmerksamkeit schnell wieder auf das Hier und Jetzt. Was steht an? Wie soll es morgen weitergehen?

Auch wenn solche Fragen wichtig sind – ich weiß, dass sich nicht viel ändern wird. Gerade wenn man zurückschaut und längere Strecken seines Lebens überblickt, merkt man, wie wenig man sich wirklich geändert hat.

An einem Tag wie dem Geburtstag sage ich mir aber auch ganz bewusst: Ich bin dankbar. Dankbar dafür, wie mein Leben gelaufen ist. Wenn ich einmal sterbe, werde ich wissen, dass es nie langweilig war. Dankbarkeit ist für mich der Kern der Spiritualität: Die Dankbarkeit für die eigene Existenz überhaupt, die Fähigkeit, den gesamten Ablauf des eigenen Lebens anzunehmen und die Möglichkeit, alles als Geschenk zu sehen. Alles, auch meine Zeit, ist geschenkt.

Ein Geburtstag ist gerade deswegen auch eine Möglichkeit innezuhalten und aus der Hektik auszuscheren, die sonst den Alltag bestimmt. Das gilt aber nicht nur für einen so herausgehobenen Termin, sondern für jeden Tag.

Wer dankbar ist, der ist nicht hektisch, denn ein dankbarer Mensch hält inne. Und erst im Innehalten kann man Dankbarkeit spüren.

Dankbar bin ich in ganz bestimmten Momenten, wenn ich zum Beispiel auf einer Bergwiese sitze und sage: Herrgott, Mensch wie ist es hier schön! Welche Gnade, dass ich hier sein darf. Danke.

Eine solche Gnade erlebte ich einmal mitten im Alltag: Mein Vordermann auf der Autobahn war so riskant gefahren, dass ich über eine Randmarkierung ausweichen musste. Der Reifen meines Autos platzte, und der Wagen wurde um die eigene Achse geschleudert. Als wir zum Stillstand kamen und unverletzt aussteigen konnten, sagte ich: „So, jetzt brauche ich erst einmal eine Zigarre." Der Polizist, der dazukam und mich sah, hat nur den Kopf geschüttelt und gesagt: „Na ja, dann kann es mit dem Schock nicht so schlimm sein, wenn Sie schon wieder eine rauchen." Ich fragte: „Wieso denn auch?"

Es war etwas anderes.

Das Wissen, in der Hand Gottes zu sein, gibt mir eine Grundgelassenheit, die für mein Leben entscheidend ist. Das ist eine Freiheit, die aus dem Glauben kommt. Wenn ich ins Auto einsteige oder in den Flieger, schlage ich das Kreuzzeichen. Egal was mir dann passiert, mir ist nicht bang.

Was immer kommt, alles hat seine Zeit. Alles ist – letzten Endes – geborgen in Gott. Dafür bin ich dankbar.

Ich sage nie, Gott habe das alles so vorgesehen. Determinismus gehört nicht zu meinem Glauben. Nein, das meine ich nicht, im Gegenteil. Wenn ich es vergleichen soll: Es ist eher das Vertrauen eines Kindes seinem Vater gegenüber. Ich weiß: Ich werde, bei allem, was geschieht, in Gottes Hand sein. Er wird für mich sorgen.

Auch für das Schlimme, das man im Leben erfahren hat, kann man dankbar sein. Nicht weil es schlimm ist, sondern weil wir letztlich daran gereift sind in der Art und Weise, wie wir es überstanden haben. Es hat mich vielleicht herausgefordert und weitergebracht – und somit seine eigene und wichtige Funktion.

„Wenn man alles Glück der Welt besitzt, es aber nicht als Geschenk betrachtet, dann wird es einem keine Freude schenken. Doch selbst ein Missgeschick wird denen Freude schenken, denen es gelingt, dafür dankbar zu sein." Der österreichische Benediktiner David Steindl-Rast, von dem diese Einsicht stammt, meint damit sicher keinen Fatalismus in dem Sinn: Ich nehme alles, wie es ist, und so ist es nun einmal.

Dankbarkeit meint etwas anderes. Sie sagt einfach Ja. Ich sage das volle Ja zu meinem Leben, aber ich sehe das nicht als blindes Schicksal an. In der Dankbarkeit wird das Leben und alles, was dazugehört, auf die personale Ebene gehoben. Fatum ist etwas Negatives. Es bedeutet Unterwerfung unter etwas, das ich nicht verstehe, unter ein blindes Schicksal. Mit Personalität hat Fatum nicht zu tun. Dankbarkeit ist eine personale Angelegenheit. Einer Person kann ich danken, einem Schicksal gegenüber kann ich nicht dankbar sein.

Vielleicht hat das mit Demut zu tun?

Demut und Dankbarkeit sind verwandt. Einem anderen dankbar sein zu können, bedeutet schon ein Stück Bescheidenheit. Demut bedeutet nicht: unterwürfig vor jemandem zu kriechen. Ich bin bereit, mein Leben als „gegeben", das heißt, als Gabe und Geschenk anzunehmen und nicht selber der Macher zu sein.

Dankbarkeit hat auch etwas mit Geschehenlassen, mit Gelassenheit zu tun. Das griechische Wort „charis" trifft es am ehesten: Gnade, die einem widerfährt.

Das meint keineswegs nur eine Hoffnung auf ruhige und gemütliche Zeiten. Es steht doch schon bei Kohelet: „Es gibt eine Zeit des Kampfes, eine Zeit des Krieges und eine Zeit des Friedens." Das kann ich positiv sehen und sagen: Es gibt nun einmal Zeiten, in denen ich kräftig arbeiten und mich plagen muss, und es gibt Zeiten, da ruhe ich. Ich kann nicht nur müßiggehen oder mich nur ausruhen. Dankbar bin ich für beides.

Wir sind nicht die Macher. Nein, der eigentliche Macher ist der Heilige Geist. Und wenn ich mir das vergegenwärtige, dann kann ich wieder gelassen schauen und sehen, wo machen wir wirklich etwas verkehrt.

Dankbarkeit für das, was ist, heißt nicht: passiv bleiben. Es meint: offen sein für das, was der Heilige Geist mit mir vorhat. Darauf hören, „was der Geist den Gemeinden sagt" (Off 2). Das verführt nicht zur Trägheit, man „vibriert" ihm sozusagen entgegen.

Das heißt auch: Ich arbeite, versuche hinzuhorchen und stelle alles notfalls in Frage. Nicht um zu kritisieren, sondern mit einem „menschlichen" Vorbehalt. Vielleicht ist es doch wieder nur menschlich gewesen, während ich vielleicht gemeint habe, es sei göttlich?

Gott sei Dank! – auch für diesen Vorbehalt.

24 *Das Zeitliche segnen*

Subiaco, eine kleine Stadt nahe Rom in der Region Latium gelegen, wurde durch die Erinnerungen an den heiligen Benedikt berühmt, der sich dorthin zurückzog. Sacro Speco, die heilige Höhle, in der Benedikt damals lebte, ist mit herrlichen Fresken ausgestaltet. Immer wenn ich in der Nähe bin, zieht es mich dahin. Wenn man in dieser Höhle die Treppe heruntergeht, kommen einem links und rechts plötzlich zwei faszinierende Szenen ins Blickfeld, die wahrscheinlich als Biblia Pauperum gedacht sind, als bildhafte Lebenslehre.

Die rechte Seite zeigt den Ritter Tod mit seinem Gefolge. Er sticht gerade auf ein lebenslustiges junges Paar ein, das auf Falkenjagd ist. Hinter ihm gehen Alte und Kranke, die sterben möchten und nicht können, Menschen, die verzweifelt um den Tod betteln.

Die gegenüberliegende Seite zeigt einen Mönch. Auch er ist mit drei jungen Leuten dargestellt, und auch er zeigt die Wirklichkeit: Ein eben Verstorbener liegt aufgebahrt im Sarg. Außerdem ist noch ein zweiter Sarg zu sehen, in dem die Würmer im Leichnam kriechen und schließlich ein dritter Sarg, in dem nur mehr die Knochen zu sehen sind – sehr beeindruckend.

In diesem Bilderzyklus steckt für mich eine unglaubliche Wahrheit, die immer aktuell bleibt: Keiner weiß, wann der Tod kommt. Diejenigen nicht, die mitten im Leben stehen und auch die nicht, die ihres Lebens überdrüssig sind. Und wie oft stehen wir fassungslos am Grab eines jungen Menschen.

Auch der gesamte Reichtum der beiden prächtig herausge-
putzten jungen Leute, die auf der Falkenjagd sind, nützt ihnen
nicht. Er zeigt nur noch deutlicher, wie rasch alles vergehen
kann. *Media in vita*, mitten im Leben sind sie – sind wir –
vom Tod umfangen.

Das ist die Weisheit des Alten Testaments: „Unsere Zeit geht
vorüber wie Schatten, der Mensch kennt seine Zeit nicht."
Und auch das Neue Testament sagt es nicht viel anders: dass
wir „die Zeit nicht in unseren Händen" haben.

Wenn ich diese Szene mit dem reichen jungen Paar in Subiaco
sehe, denke ich auch an ein Gleichnis Jesu: Der Reiche, der
eine neue Scheune baut, um seinen Reichtum zu horten, und
nicht weiß, dass er den nächsten Tag nicht mehr erleben wird.
Auch für die Superreichen unserer Tage, die ohne Ruhe darauf
aus sind, ihr Geld so anzulegen, dass es sich immer weiter
vermehrt, für all die Top-Manager, die immer auf der Jagd
nach „immer noch mehr" sind, als ob sie nicht schon genug
hätten, gilt das: Diese Nacht kann auch dein Leben schon zu
Ende sein. Was hat dann Bestand? Was ist wirklich etwas wert?

Was solche wirklichen Werte sind, das hat mir einmal eine
ältere Frau gezeigt, die am Grab ihres Mannes zu mir sagte:
„Weißt du, im Grunde ist alles nur geliehen, all die materiel-
len Güter, ja unser Leben selbst." Diese Haltung ist ein Zeichen von Reife. Es gibt keine Methode, diese Einstellung einzuüben. Es sei denn, jemand hält immer wieder inne und
überlegt, was die Dinge eigentlich wert sind: unser Besitz, unsere Titel, was ich selbst wert bin, mir und anderen.

Es hat etwas mit Würde zu tun, wenn jemand am Ende seines Lebens sagen kann: „Ich habe mein Leben gelebt. Es ist
gut so." Ich habe es bei meinem eigenen Vater erfahren. Es

war 1992, als ich ihn zum letzten Mal besuchte. Ich war bei einer Firmung in Neu-Ulm und musste am nächsten Tag nach Israel, denn die Abtei Dormitio in Jerusalem wollte sich mit unserer Kongregation verbinden. Es war mein erster Besuch im Heiligen Land. Damals habe ich mir gesagt: „Ich fahre vorher noch bei mir zu Hause vorbei. Irgendwann ist einer meiner Eltern nicht mehr da, wenn ich so viel unterwegs bin." Da lag also mein Vater auf der Chaiselonge, eingehüllt in eine Decke und richtiggehend vergnügt. Als ich wieder aufbrechen musste und sagte: „Auf Wiedersehen", erwiderte er: „Nein, wir sehen uns nicht mehr." Ich sagte: „Vater, rede doch keinen Unsinn." Er: „Mein Leben geht zu Ende." Ich darauf: „Wieso?" Seine Antwort: „Wozu soll ich noch leben? Diese Rutscherei zu den Ärzten bringt nichts. Ich habe doch meins gebracht in meinem Leben und aus euch Kindern ist etwas geworden. Kümmert euch um die Mutter, wenn ich nicht mehr da bin." Dann haben wir uns verabschiedet. Das war am Pfingstmontag, am Dienstag flog ich und telefonierte vorher noch einmal mit ihm. Es war alles okay. Am Mittwoch wurde er kränklich, und am Donnerstag brachte man ihn dann ins Krankenhaus. Am Freitag rief ich vor dem Rückflug von Tel Aviv aus an, um zu hören, wie es ihm geht. Da hieß es, er würde gerade in den Computertomographen gebracht. Als ich in Frankfurt landete, war er tot.

Er hatte es gewusst. Er war fast 86, als er starb. Als er die letzte Ölung erhalten hatte, sagte er: „So, jetzt habe ich es geschafft." In Augenblicken, wo man eine wichtige Arbeit endlich gut zu Ende gebracht hat, würde man das vielleicht auch so sagen. Welche Gnade, seines Lebens satt zu sein und in aller Ruhe sagen zu können: „Adieu." Mit dieser Heiterkeit aus dem Leben zu gehen war das schönste Geschenk, das mein Vater mir hinterlassen hat. Er war innerlich so gestimmt. Er hat Ja gesagt – und im Wortsinn „das Zeitliche gesegnet".

Das Zeitliche segnen heißt: Befriedet aus dem Leben zu scheiden. Wenn ich zu meiner Sterblichkeit und zu meinem Sterben Ja sagen kann, gebe ich nochmals einen Segen über meine ganze Zeit und bin befriedet mit meinem Leben, ich gehe gelassen mit meiner Endlichkeit um. Ausgesöhnt.

Was das Verhältnis zum Tod angeht: Es ist etwas anderes, ob man sagt: „Es ist Schluss und das war's". Oder ob mein Leben nicht definitiv vorbei ist – nicht weggefegt wird wie Schutt. Es ist etwas Anderes, ob man Ende absolut und definitiv sieht oder ob man den Glauben hat, dass die eigene Endlichkeit in die Unendlichkeit Gottes aufgehoben wird. Hoffnung heißt: Es ist zwar Schluss, aber nicht das Ende. Mein Leben liegt in Gottes Hand. Und weil das Leben in seine und nicht in meine Hand gelegt ist, kann ich gelassen bleiben.

Kürzlich hat sich Inge Jens, die Frau des an Alzheimer erkrankten Walter Jens, im *stern* geäußert: „Ich bin jemand, der seinen Partner verloren hat. Den Mann, den ich liebte, gibt es nicht mehr." Die Krankheit habe ihren Mann zu einem anderen Menschen gemacht. Er ist nicht mehr mein Mann." In dem mit Hans Küng geschriebenen Buch „Menschenwürdig sterben" hatte Walter Jens für die aktive Sterbehilfe plädiert. Noch in seinen letzten Gesprächen hatte er wohl beklagt, Tiere würde man einschläfern, Menschen nicht. „Aber den Zeitpunkt", so Inge Jens im *stern*, „seinem Leben ein Ende zu machen, den hat er im wahrsten Sinne des Wortes verpasst." Das fand ich schockierend. Statt davon zu sprechen, wie viel Liebe sie ihm jetzt schenkt ... Welche Haltung steckt denn dahinter, wenn einer droht, sich bei Alzheimer das Leben zu nehmen – und Menschen, die ihn lieben, das für richtig halten – weil man nicht mehr Herr seiner selbst, weil das nicht mehr „menschenwürdig" sei?

Wir alle haben Angst vor Kontrollverlust. Aber darin besteht doch die eigentliche christliche Demut: das Ruder aus der Hand zu geben. Und genau hier kommt das Störrische im Christentum zum Tragen. Eben, dass man sagt: Genau, auch der Alzheimer-Patient ist ein wertvoller Mensch. Wenn ich lese, dass der assistierte Suizid ganz ernsthaft diskutiert wird und dass man in Holland die Oma schon mal Mitte der Woche umbringen darf, damit man nicht am Wochenende gestört wird, und wenn ich lese, dass der ehemalige Justizsenator von Hamburg in einem Altersheim eine Spritzmaschine vorgestellt hat, mit der es möglich ist, dass alte Menschen sich selbst entsorgen, dann kann ich sehr makaber werden.

All das hat aber auch mit dem Anspruch zu tun, vollständig über seine Zeit verfügen zu können, über sich selbst Herr zu sein und die Endlichkeit nicht akzeptieren zu müssen. Benedikt XVI. streicht das zu Recht immer wieder heraus: Der Mensch möchte nicht mehr Geschöpf sein, er möchte infantil über sich selber befehlen können.

In Ruhe sterben zu können, diese Vorstellung fällt nicht immer leicht. Sie hat aber nicht nur eine lange Tradition bei den Mönchen, sie hat auch etwas Menschliches. Es gibt die Geschichte von einem alten Mönchsvater, der nach einem langen Leben in der ägyptischen Wüste im Sterben lag und um dessen Lager sich seine Brüder sammelten, um ihn zu beweinen. Er aber öffnete seine Augen und lachte. Und so tat er es ein zweites und ein drittes Mal. Erstaunt fragten ihn die Brüder: „Abbas, warum lachst du, während wir weinen." Er antwortete: „Zum ersten Mal habe ich gelacht, weil ihr alle den Tod fürchtet. Zum zweiten Mal, weil ihr nicht bereit seid, zu sterben. Und zum dritten Mal, weil ich von der Arbeit hingehe zur Ruhe."

In Ruhe sterben zu können, das ist für mich ein nachvollziehbarer Wunsch. Ich hatte einen Mitbruder, der schon lange bettlägerig war. Er rief mich an sein Krankenlager, als er fühlte, dass es zu Ende ging und sagte: „Du, jetzt war gerade der Arzt bei mir. Oberschenkelhalsbruch. Er möchte mich ins Krankenhaus bringen. Bitte verhindere es, denn wenn es da wirklich zusammenwächst, bricht es morgen schon, bei der Osteoporose, die ich habe, an einer anderen Stelle. Ich möchte im Kreise meiner Mitbrüder sterben können."

Natürlich habe ich dafür gesorgt, dass dieser Mitbruder so sterben durfte, wie er es sich gewünscht hat. Wenn das Leben zu Ende geht, geht es nun mal zu Ende. Und wenn jemand seines Lebens so satt ist, das ist doch auch etwas Schönes.

Der heilige Martin von Tours hat am Ende seines Lebens gesagt: „Non recuso laborem – Herr, wenn ich deinem Volk noch nötig bin, verweigere ich nicht Arbeit und Mühsal. Dein Wille geschehe." Er war gerade von einer Friedensmission unterwegs zu seinem Kloster, als ihn die Körperkräfte verließen und die Mitbrüder ihn baten, sie nicht zu verlassen. Doch war seine Stunde gekommen und „er gab seinen Geist dem Himmel zurück", wie Simplicius Severus berichtet.

Der Tod ist keine Tragödie. Bei Gott gibt es keine Zeit. Vor Gott sind alle da, zur gleichen Zeit. Manche, die einen geliebten Menschen verlieren, sagen: „Wäre ich doch vor ihm gestorben." Ich kann das gut verstehen. Aber ich bin sicher, dass wir alle gleichzeitig bei Gott ankommen. Denn er kennt keine Zeit. Weil er in dieser ewigen Weise allen zugewandt ist, bin ich mit allen Menschen verbunden.

Manchmal bin ich selbst sehr müde, lebensmüde in dem Sinn, dass ich sage: Gott, ich möchte auch mal schlafen dürfen. Oder es kommt vor, dass ich manchmal nachts um ein Uhr sage: Muss es denn ewig so weitergehen, darf ich nicht auch einmal meine Ruhe haben?

Und dann lächelt einer von da oben herunter und sagt: Nur zu! Und er gibt mir die Kraft.

Diese Haltung, das Leben in Gelassenheit zu leben, mit Pflichtbewusstsein aber auch mit Heiterkeit, und zu sagen: Ich kann nicht alles, und wenn es soweit ist, sollen andere mich ablösen, ist das Wichtigste.

Das Leben ist schön – bei allem Ärger und bei allem Stress.

Ich bin aber auch jederzeit bereit zu akzeptieren, dass es zu Ende ist.

Und wenn's ans Sterben geht, dann sage ich: Jetzt sollen andere weitermachen.

Und wenn es noch nicht so weit ist – dann machen wir halt weiter, in Gottes Namen.